COMO PASSAR SUA VIDA A LIMPO

COMO PASSAR SUA
VIDA A LIMPO

Marisa Thame
Kani Comstock

COMO PASSAR SUA VIDA A LIMPO

Editora
Pensamento
SÃO PAULO

Copyright © 1994 Marisa Thame & Kani Comstock.
Transferido para o Hoffman Institute International Inc.

Copyright © 1994 Editora Pensamento-Cultrix Ltda.

1ª edição 1994.

9ª reimpressão 2013.

Todos os direitos reservados. Nenhuma parte deste livro pode ser reproduzida ou usada de qualquer forma ou por qualquer meio, eletrônico ou mecânico, inclusive fotocópias, gravações ou sistema de armazenamento em banco de dados, sem permissão por escrito exceto nos casos de trechos curtos citados em resenhas críticas ou artigos de revistas.

A Editora Pensamento não se responsabiliza por eventuais mudanças ocorridas nos endereços convencionais ou eletrônicos citados neste livro.

Este livro foi traduzido para o inglês com o título *Journey Into Love*.

Direitos reservados
EDITORA PENSAMENTO-CULTRIX LTDA.
Rua Dr. Mário Vicente, 368 – 04270-000 – São Paulo, SP
Fone: (11) 2066-9000 – Fax: (11) 2066-9008
E-mail: atendimento@editorapensamento.com.br
http://www.editorapensamento.com.br
Foi feito o depósito legal.

DEDICATÓRIA

Dedicamos este livro aos nossos pais, que nos deram a vida e nos ensinaram mais do que jamais chegaremos a saber; e a Bob Hoffman, cujo trabalho nos reconectou à nossa essência e permitiu que amássemos a nós mesmas pelo que somos, aos nossos pais e aos outros pelo que realmente são.

AGRADECIMENTOS

Este livro é o resultado de muitos anos de trabalho, sob a orientação de seu criador, Bob Hoffman, como alunas, professoras e formadoras de professores. Queremos agradecer-lhe de todo o coração e com especial amor, pelo conhecimento e riqueza que trouxe às nossas vidas e por seu apoio generoso a este livro.

Aos nossos muitos alunos, a quem agradecemos pela oportunidade de ajudá-los e de aprender com cada um deles.

Aos nossos sócios e professores, especialmente nossa grande amiga Clarita Maia, com quem compartilhamos experiências e aprendemos tanto, por seu apoio e entusiasmo.

A todos os professores deste trabalho no mundo, por seu compromisso de ajudar seus alunos a encontrar a paz individual e, através dela, levar paz ao mundo.

Aos nossos amigos pelo apoio e encorajamento.

E nos agradecemos mutuamente pelo amor, respeito e admiração que sentimos uma pela outra.

Marisa Thame e Kani Comstock

Sumário

Prefácio 9
Introdução 11

1. Como nos tornamos as pessoas que
   pensamos ser 13
2. Quatro aspectos do ser 23
3. O que há de errado com a minha vida? 33
4. Algumas condições importantes para
   o trabalho interior 45
5. Liberando a raiva 49
6. Experienciando o outro lado 59
7. Encerrando a batalha interior 69
8. Libertando-nos da culpa 79
9. Subjugando o nosso lado escuro 87
10. Resgatando a alegria 95
11. A luz dentro e fora de nós 107
12. Alcançando a integração 113
13. O caminho para o crescimento 121

Prefácio

Escrito numa linguagem simples e clara, este livro é inteiramente acessível à maioria dos leitores. Usando essa simplicidade, que se sente ser inteligentemente proposita-da, o texto leva-nos — obriga-nos — a pensar em nós mesmos com uma profundidade a que a maioria das pes-soas não está acostumada. Entra fundo nas nossas memó-rias, mexe conosco, desperta-nos para o que está adorme-cido dentro de nós, alerta-nos para os sentimentos negati-vos com os quais nos habituamos a conviver e que in-conscientemente alimentamos. É, por vezes, de uma vio-lência que incomoda, que emociona, que perturba, e que, por fim, obriga-nos a pensar e a rever tudo o que de ne-gativo fizemos ou ainda fazemos, o que sentimos no pas-sado e ainda mantemos no presente, o que somos na rea-lidade: um cofre bem trancado, guardando sentimentos amargos, sofridos, ressentimentos e injustiças que ainda magoam, numa memória tantas vezes sufocada e que já não pode ser definida.

Depois, o texto nos conduz a uma reviravolta impen-sável, vira-nos do avesso e leva-nos a pensar e a ver tudo por um novo ângulo, que nos abre o coração e a mente para a compreensão do porquê das coisas, para que possamos entender melhor a nós e aos outros. Daí para o Amor Total é um passo. Um passo muito lindo e muito bom, e que é o princípio de um caminho para a aceitação dos outros tais como são, do não culpar, do perdão incondicional. Tudo isso, sem perder a personalidade e as características que nos são próprias, mas apenas porque, tendo investigado dentro de nós e compreendido o nosso processo de vida, aprendemos também a ver os outros, olhando-os já com outros olhos.

Terminamos a leitura sentindo que nossa energia mudou e que nossa força interior cresceu para nos ajudar a vencer nossas fraquezas; sobretudo ficamos com a sensação de gostar um pouco mais de nós mesmos, como início do sentimento alargado de ser capaz de gostar dos outros sem restrições.

Todo este livro é um exercício consciente sobre o inconsciente. Sente-se vontade de pôr em prática tudo o que foi lido. Mostra o grande conhecimento que as autoras têm do ser humano, toda uma experiência bem vivida, bem refletida.

Dra. Lídia Meunier de
Almeida
e Silva Madeira de Abreu
Vice-Presidência do Instituto da
Biblioteca Nacional e do Livro

Lisboa
27.9.93

Introdução

Adoramos viajar, e jornadas de todo tipo sempre atraíram nossa atenção e despertaram nosso entusiasmo. Amamos a aventura da exploração. No entanto, independentemente dos países que já visitamos, não encontramos lugar mais fascinante para explorar que a própria mente, nem destino mais cheio de atrativos que o nosso verdadeiro ser.

Ambas encontramos a realização pessoal ao passarmos pela experiência que descrevemos neste livro. Na verdade, este trabalho modificou nossa vida. Desde então, nos anos que se passaram, cada uma de nós dedicou-se ao aprofundamento da compreensão deste trabalho e a partilhá-lo com outras pessoas. Nosso conhecimento provém de nossa experiência pessoal como alunas e professoras de centenas de alunos, bem como de nosso treinamento e trabalho conjunto com Bob Hoffman. Embora a teoria, os conceitos e as técnicas sejam inequivocamente de sua autoria, assumimos total responsabilidade por nossa interpretação e descrição.

Desde a criação deste trabalho por Bob Hoffman em 1967, há 27 anos, muito se tem desenvolvido na área da dinâmica familiar. Hoje é bastante reconhecida a necessidade de atentar para nossas raízes, a fim de promover mudanças efetivas em nossa vida e no mundo. Este trabalho nos tem ajudado, assim como a muitas outras pessoas, a desvendar os mistérios da vida, abrindo caminho para a transformação e o verdadeiro renascimento.

Este livro é sobre soluções, sobre equilíbrio emocional, espiritual, intelectual e físico; e, acima de tudo, sobre o amor. A teoria é simples, mas como é difícil entender a sua significação em nossa vida! O ponto de partida é a abordagem da maneira pela qual chegamos a nos perder de nós mesmos. Contudo, logo passamos à definição do caminho que nos leva de volta ao nosso ser essencial, bem como à descrição da importante jornada que leva a esse reencontro.

Marisa Thame & Kani Comstock

Capítulo 1

Como nos tornamos as pessoas que pensamos ser

Imagine, se puder, que fomos concebidos como seres especiais, alegres e otimistas, plenos de curiosidade e amor, ávidos por vir ao mundo. E que a mulher e o homem que nos deram a vida — nossos pais — desejam fazer tudo o que podem para nos amar e nos proporcionar uma vida melhor que a deles. Cuidam de nós da melhor maneira possível, oferecendo-nos tudo o que está ao seu alcance. Porém, eles são pessoas diferentes de nós e não podem imaginar tudo quanto possamos desejar ou precisar. Nem sequer têm condições de perceber as próprias necessidades! Assim, ao tentarem cuidar de nós e, ao mesmo tempo, de si mesmos e um do outro, nossos pais dividem necessariamente sua atenção. Às vezes, suas necessidades têm precedência sobre as nossas, e, para atendê-las, muitas vezes eles podem nos ignorar, nos abandonar e até, direta ou indiretamente, nos prejudicar profundamente. Ou, o que é pior, talvez nunca nos tenham desejado, ou nem mesmo se amassem mutuamente, sentindo-se sobrecarregados pelo fato de existirmos.

Como bebês e criancinhas, necessitamos de um fluxo ininterrupto de aceitação e amor incondicionais, como um meio de validar a nossa existência. Vemos nossos pais como pessoas fortes, detentoras de todas as respostas, porque somos totalmente dependentes deles. Nos momentos em que não recebemos aceitação incondicional, sentimos que há algo de errado conosco e que, de alguma forma, falhamos. E sentimos ser necessário modificar-nos para que nossos pais nos amem e aceitem.

Na realidade, nossos pais e pais substitutos são modelos de como devemos ser. Quando não recebemos seu amor por aquilo que somos, sentimo-nos indignos de ser amados e tentamos fazer com que nos amem. Isso ocorre num nível emocional e físico, muito antes do nosso intelecto entrar em atividade: começa ainda no útero e vai até a nossa puberdade. Esse sentimento de rejeição e a conseqüente busca de aceitação acontecem em especial quando nossos pais não nos dão atenção, ou fazem-no com uma atitude negativa, por não gostarem do modo como nos comportamos. Reproduzimos o comportamento de papai e mamãe, tal como o percebemos, e o devolvemos a eles como um reflexo, como se estivéssemos dizendo: "Veja, sou igual a você! Você agora vai me amar?"

Às vezes, somos bem-sucedidos e nos sentimos novamente aceitos e acreditamos que podemos conseguir amor dessa forma.

Outras vezes, nossos pais nem sequer percebem nossa presença; ou pior, ressentem-se do fato de lhes devolvermos um reflexo de seus comportamentos negativos e ficam zangados conosco. Nessa circunstância, esforçamo-nos ainda mais para ser iguais a eles e com isso conseguir a sua aceitação. Incorporamos seus aspectos positivos como também os negativos, que reproduzimos automaticamente de maneira inconsciente e compulsiva, vezes e vezes sem conta. Tudo isso nos torna programados para ser o que não somos. Adotamos todas as características de nossos pais — seus comportamentos, estados de espírito, atitudes e conceitos — como se fossem nossos, e perdemos o contato com as pessoas que de fato somos. Aprendemos a negar o nosso ser essencial. Passamos a acreditar que esses traços definem *quem* somos — que constituem tudo o que o nosso ser é — e que somos maus ou cheios de falhas.

Percebemos a insensatez dessa atitude quando não gostamos do que nossos pais fazem e ainda assim repetimos os seus atos. Alguém liga e mamãe fala: "Diga que não estou". Nós obedecemos e somos elogiados. Em outra ocasião, mamãe nos pergunta alguma coisa e nós mentimos; ela fica irritada e grita conosco, e nós dizemos: "Mas você faz isso!" Essa vingança contra nossos pais — a ação de culpá-los pelo modo como fomos forçados a agir para ganhar sua aceitação e seu amor — é a parte oculta da necessidade que gerou, desde o início, o nosso comportamento. Precisamos do seu amor, mas nos ressentimos com o fato de eles não nos amarem pelo que somos, ressentimo-nos por sermos obrigados a obter sua aceitação através da transformação daquilo que somos para nos tornarmos uma cópia deles.

Mesmo aqueles que foram adotados ou que perderam um dos pais muito cedo, sofreram todas as conseqüências do desamor através desse abandono, e ficaram com a sensação primeira de não terem valor ou de serem inferiores. Portanto, além da programação do amor negativo advinda dos pais substitutos, tais pessoas foram também fortemente programadas por seus pais biológicos e vivem a mesma vingança e ressentimento inconscientes, talvez abandonando a si mesmas e aos outros tal como foram abandonadas por seus pais, usando a falsa máscara da auto-suficiência ou da dívida e dependência.

Podemos assimilar características de nossos pais de três maneiras. Em primeiro lugar, incorporando-as ao nosso modo de ser e, passando a nos ver através dessas características. Em segundo, praticando-as em nossas relações com os outros. E, por último, impondo-as aos outros para que ajam conosco tal como nossos pais faziam. Por exemplo: se nossos pais são pessoas que põem defeitos em todos, podemos nos tornar autocríticos, sempre nos julgando, encontrando defeitos em nós e nos diminuindo; podemos criticar severamente os outros; ou podemos nos deixar atrair por pessoas que apontem defeitos em nós e agir de maneira tal que elas tenham de nos criticar. Com muitos dos traços que incorporamos, chegamos a empregar essas três modalidades. Trata-se de uma simples adoção de características dos pais. Muitos dos comportamentos, estados de ânimo e atitudes que adotamos, nunca são expressos em palavras. Podemos começar por adotar estados de ânimo até mesmo antes de nascer: no útero de nossa mãe.

Um exemplo de adoção: sua mãe sempre sorri quando outras pessoas estão presentes e você aprende a sorrir compulsivamente igual a ela, aprende que apenas sentimentos positivos são aceitáveis, passando a negar e a reprimir outros sentimentos que tiver. Ou ainda: seu pai está sempre muito ocupado com outras coisas para poder lhe dar atenção; você aprende que não merece a atenção alheia e que o verdadeiro valor está nas realizações. Tudo isso também não passa de simples adoção mecânica do comportamento paterno.

À medida que nos desenvolvemos, reconhecemos que alguns comportamentos de nossos pais parecem terríveis, e descobrimos que não desejamos ser como eles. Por isso, começamos a recusar esses comportamentos. Rebelamo-nos e passamos a agir de um modo distinto do comportamento deles. Isso parece uma boa reação, uma opção nossa. Contudo, ao nos rebelarmos, estamos agindo tão compulsivamente, para nos diferenciarmos deles, quanto o fazíamos antes, para nos assemelharmos a eles. Aquilo que começou como uma decisão logo se torna inconsciente, automático e compulsivo. Agimos de um modo distinto do comportamento de nossos pais, a fim de rejeitá-los, de nos vingarmos deles, de ser melhores que eles; ao mesmo tempo, continuamos a precisar do seu amor e da sua aceitação. Logo, na rebelião, decidimos que seremos rejeitados por nossos pais, de cujo amor e aceitação necessitamos.

A rebelião sempre cria um conflito em nosso íntimo. Mesmo quando nos rebelamos, ainda temos viva em nós a adoção do padrão de comportamento de nossos pais. Isso deixa o nosso ser dividido. Por essa razão, a rebelião é tão insatisfatória quanto a adoção.

Essa é a descrição do que denominamos *Síndrome do Amor Negativo*. No Amor Negativo, sempre criamos condições para sermos rejeitados. E, no entanto, queremos que nossos pais nos amem e, por esse motivo, tentando comprar o seu amor, entramos num processo que nos leva a adotar todas as suas características negativas. O resultado final do Amor Negativo é: *sempre conseguimos o que mais tememos, o oposto do que queremos*. Desejamos ser amados e terminamos nos sentindo indignos de amor. Tememos a rejeição e o abandono e, no entanto, fazemos tudo para que nos rejeitem. Não temos condições de perceber que não somos o que parecemos ser. Perdemos contato com nossa força e verdade interiores.

Quando pai e mãe agem da mesma maneira, a programação é muito profunda e com freqüência não é percebida, dando-nos a impressão de que a vida é assim: o jeito deles é o natural, todos sentem ou agem como eles. Não há outra escolha a não ser a rebeldia. Se, ao contrário, nossos pais são diferentes um do outro, estamos diante de um dilema: para conseguir o amor dos dois, temos de adotar, ao mesmo tempo, padrões divergentes, o que provoca em nosso íntimo o conflito e a rebelião. Quando seguimos o padrão de um, rebelamo-nos contra o do outro, e vice-versa. Essa não é uma posição cômoda, é um beco sem saída cuja única vantagem — se é que podemos dizer isso — é perceber que há mais de uma opção.

Com o desenvolvimento da capacidade analítica do intelecto, começamos a enfrentar a monumental tarefa de justificar os padrões negativos adotados e as rebeliões, bem como a aparente necessidade de defendê-los. Na verdade, tornamo-nos como nossos pais, embora pareçamos diferentes deles. Nós os internalizamos, os incorporamos inconscientemente, e eles sussurram em nossos ouvidos, fazendo que pensamentos vertiginosos venham à nossa mente. Controlam a nossa vida mesmo que estejamos fisicamente afastados deles. Vivem em nós, mesmo que já tenham falecido. Vemos o mundo com seus olhos e o ouvimos com seus ouvidos. Muitas vezes, nos surpreendemos falando com a voz deles e usando suas palavras, sentindo seus sentimentos e vendo nosso corpo movimentar-se como o deles. Nesses momentos, tomamos consciência de quanto nos tornamos iguais a nossos pais e da maneira automática como manifestamos suas características. Para os que são rebeldes e tomam consciência do fato, as ocasiões em que isso ocorre são aterrorizantes!

O Amor Negativo nos faz passar pela vida agindo como se os outros fossem nossos pais. Todos nós já passamos por circunstâncias em que sentimos uma reação negativa diante de alguém, seguida quase que de imediato pela sensação ou pensamento de saber o que o outro está pensando, quais são suas intenções e quais os seus defeitos. Por vezes, isso acontece antes mesmo que a pessoa fale, ou após dizer umas poucas palavras. Outras vezes, vem a manifestar-se depois de iniciado um relacionamento. E reagimos diante dessa pessoa com base na crença de que sabemos tudo sobre ela; porque uma parte de nós, instalada em nosso inconsciente, acredita que ela é semelhante aos nossos pais e que sabemos o que esperar dela.

Essa reação, que recebe o nome de *transferência*, priva-nos da oportunidade de conhecer alguém como de fato é. Na transferência, para falar a verdade, estamos presentes apenas nós e nossos pais. Ninguém mais. Sentimos pelas pessoas toda a raiva que temos de nossos pais por não nos terem aceitado como somos. Muitos de nós pensamos que todo chefe é igual ao papai ou à mamãe, dependendo de quem detenha a autoridade na família. Vemos nossos parceiros amorosos como se fossem nossos pais: "Ele é teimoso, portanto, irritadiço e vingativo como o meu pai!" Ou então: "Ela é repressora, portanto, ríspida e dura como minha mãe!" Enfim, a transferência nos impede de vivenciar um verdadeiro relacionamento com o outro.

O Amor Negativo é a força emocional mais prejudicial do mundo, uma deficiência capaz de nos deixar totalmente paralisados. Quando incorporamos as características, os estados de espírito, as atitudes, bem como as admoestações implícitas ou explícitas de nossos pais ao nosso modo de ser, passamos a nos relacionar com eles a partir do conceito do Amor Negativo. Na infância, adotá-lo era uma estratégia de sobrevivência. Porém, na idade adulta, mantê-lo é nos aprisionarmos nos sofrimentos da infância, repetindo incessantemente os mesmos padrões que na época nos deram a impressão de não conseguirmos o amor dos nossos pais.

O que é essa coisa chamada amor? Há tantas maneiras de defini-la! Todos relacionam esse nome com aquilo que receberam na infância, mesmo sem jamais usar essa palavra. Precisávamos de amor e descobrimos um modo de rotular de amor aquilo que nos era dado. Alguns de nós tiveram pais que agiam amorosamente, dizendo as palavras certas e fazendo as coisas certas. Mas não conseguíamos sentir seu amor, apesar de eles estarem tentando nos amar, mas como ninguém lhes houvesse ensinado como fazê-lo, não podiam, realmente, nos dar o amor do qual necessitávamos. O que nos fazia sentir que devíamos ter cometido algum erro. Outros de nós tiveram pais que tentavam comprar amor mediante a atenção e as coisas que nos davam: dando para receber. Outros ainda tiveram pais superprotetores, demasiado temerosos de que algum mal nos atingisse, ou se sentiam culpados por não nos terem desejado de fato, o que criou neles a necessidade de dar a impressão de serem pais perfeitos.

Há quem tenha tido pais que cumpriram todos os seus deveres para com seus filhos, mas sem sentimento; pais determinados a proporcionar aos filhos tudo aquilo que lhes faltou, para poderem viver através desses filhos; pais emocionalmente imprevisíveis, que oscilavam entre nos dar proteção e agredir sem o menor aviso, mantendo os filhos eternamente desconfiados, ligeiramente desequilibrados e indecisos; pais que, mesmo indiretamente, tinham atitudes que soavam como: "Se você for bom, eu vou amá-lo!" Outros ainda tiveram pais que não impunham restrição alguma, nem estabeleciam limites, deixando-os fazer o que queriam, sem nenhuma reação.

Cada um de nós dava o nome de amor àquilo que recebia, dizendo para si mesmo: "Claro que meus pais me amam!"

Mas se essas ações não eram amor, o que é, então, o amor? Embora indefinível intelectualmente, poderíamos dizer que o amor é, em primeiro lugar, o fluxo, o transbordar, a entrega da nossa mais pura emoção para aqueles que nos cercam. Porém, só poderemos dar amor aos outros se o dermos antes a nós mesmos. Não é possível conseguir dos outros uma quantidade de amor capaz de nos preencher com esse sentimento. Pelo contrário: temos de fazer uma jornada ao nosso próprio interior e voltar a ter contato com a fonte de amor na qual fomos concebidos, qualquer que tenha sido a atitude de nossos pais em relação a nós.

Somente então saberemos que somos pessoas únicas e merecedoras de amor, teremos consciência de que não somos nossos pais. E descobriremos que, assim como adotamos as características negativas de nossos pais, poderemos também nos libertar delas e realizar o nosso verdadeiro ser. Este conhecimento — perceber que o Amor Negativo tem dirigido nossa vida e, portanto, reconhecer aquilo que nos aprisiona — pode nos impelir a trilhar, finalmente, o caminho da liberdade.

Capítulo 2

Quatro aspectos do ser

No esforço de aclarar a forma como a programação que recebemos de nossos pais afeta o nosso ser, podemos dizer que somos constituídos de quatro aspectos que interagem: o *corpo físico*, o *ser intelectual*, o *ser emocional* e o *ser essencial*.

Nosso *ser essencial* é o aspecto único, jubiloso e totalmente positivo do ser, que se caracteriza por estar cheio de amor. Trata-se do aspecto não-físico, cuja presença mais se faz sentir quando somos concebidos, pois ainda não fomos maculados pela programação negativa. Ele é todo sabedoria, todo conhecimento, todo amor e força. Conhece a verdade e a justiça e se empenha por elas, aspira à bondade, é completamente ético e totalmente íntegro. É a nossa parte auto-reflexiva e pode nos observar imparcialmente; é a fonte da nossa intuição, da nossa espontaneidade e criatividade. O *ser essencial* é estável e centrado; é a nossa conexão com o universo e com o divino. Em resumo, é o nosso ser espiritual.

Viemos ao mundo em pleno contato com esse aspecto de nós mesmos e não fomos considerados pelos nossos pais tais como somos. Em vez disso, vimo-nos forçados a assumir seus padrões e a nos tornar pessoas diferentes das que realmente somos. Nesse processo, perdemos o contato com a nossa essência — o nosso espírito —; fomos, na verdade, programados para negá-la. Alguns de nós se recordam de momentos de conexão com essa força vital interior e aspiram ardorosamente por essa experiência. Outros perderam essas lembranças e também a crença em si mesmos, a tal ponto que chegam a negar que isso exista ou tenha existido. Porém, todos vivenciamos o nosso ser essencial, por várias vezes, ao longo de nossa vida: nos momentos de contato com a natureza, em que nos sentimos em paz e em sintonia com o universo; ou em meio ao trauma e ao caos, quando de súbito nos sentimos calmos e sabemos que tudo vai dar certo. Trata-se dos instantes em que o nosso ser espiritual conseguiu romper nossa armadura de negação, preenchendo-nos de paz e de amor; neles, sentimo-nos abençoados.

Nosso *ser emocional* é o aspecto do relacionamento e vínculo pessoais, que nos impele para fora de nós mesmos em busca de uma ligação com os outros. Esse aspecto desperta por inteiro na infância e reflete a nossa experiência de sentimentos, que são muito variados em termos de qualidade e de intensidade. Quando crianças, movidos pela curiosidade, passamos de uma experiência a outra, e nossos sentimentos movimentam-se com a mesma rapidez. Despidos de inibições, aceitamos todos os sentimentos, quer estejamos sorrindo, contentes e alegres, quer assustados, tristes ou chorosos. Todos são iguais para nós, pois não estamos apegados a nenhum deles. São todos expressões do nosso ser.

Chega um momento em que os julgamentos penetram o nosso mundo de sentimentos: nossos pais fazem com que nos sintamos errados em relação ao que sentimos e exprimimos. É algo inaceitável, e nós não sabemos por quê. Mas cedo aprendemos a seguir sua orientação e a refletir seus comportamentos, a fim de nos sentirmos aceitos e amados do modo como ansiamos, o que completa a nossa necessidade de conexão com eles. Incorporamos todos os seus sentimentos e nos tornamos semelhantes a eles, com seu medo, culpa, ansiedade, defensividade, sensação de falta de valor, inadequação e negação. Tornamo-nos aquilo que não somos para sobreviver, e o desenvolvimento do nosso ser emocional é interrompido na infância por não termos recebido a validação pelo que realmente éramos. Ele se mantém como uma criança emocional interior, carregando toda a dor, culpa, humilhação, vergonha e raiva de uma vida. Essa nossa criança emocional aprendeu a própria estratégia específica de sobrevivência a partir das nossas experiências com nossos pais. Cada um de nós tem o seu conjunto peculiar de padrões. Estes não são a fonte dos nossos problemas, mas os reflexos de uma ferida mais profunda: o fato de não nos sentirmos amados. Por isso, hoje nos sentimos indignos de amor e alienados dos nossos verdadeiros sentimentos.

O nosso *ser intelectual* é o aspecto do pensamento, da percepção e da reflexão. Começa a despertar nos primeiros anos de vida, mas só se torna plenamente ativo muitos anos depois; é a nossa parte racional, analítica e conceitual. Ele apreende novas informações que avalia, sintetiza e depois integra ao conhecimento existente, passando então a organizar e a exprimir idéias. Ele se esforça por extrair um "sentido" das nossas experiências e do mundo. Ele busca a verdade e a consciência.

Desde o começo, nosso intelecto tem de enfrentar a prodigiosa tarefa de tentar encontrar sentido nos padrões já bem desenvolvidos do Amor Negativo que controlam a nossa vida. Programado ao longo da nossa infância para defender as programações materna e paterna iniciadas antes do seu surgimento, nosso intelecto é forçado a concentrar seus consideráveis talentos e energias na racionalização e justificação de tudo o que aprendeu com nossa criança e com nossos pais acerca de quem somos.

Nosso intelecto acredita que defende o nosso ser, quando na realidade defende padrões aprendidos de nossos pais e, portanto, já está negando quem de fato somos. Suas capacidades foram gradualmente restringidas: em vez de uma mente aberta, ativa e curiosa, há julgamentos, críticas e rigidez. E, por mais que nos esforcemos, é impossível ver sentido em tudo isso. Experimentamos muitos pensamentos e crenças contraditórios: ou sou ignorante ou sabichão, superior ou inferior, especial ou sem valor. Ansiamos por ordem e compreensão, tentando controlar o nosso mundo a fim de fazê-lo enquadrar-se às nossas necessidades.

Nossa criança emocional procura, em nosso intelecto emergente, a validação que não recebe dos pais, e nosso intelecto, em desenvolvimento, recorre à criança emocional em busca da lógica de que tanto precisa. Mas nenhum encontra no outro aquilo que necessita. Assim, eles começam a culpar-se mutuamente, da mesma maneira como foram acusados por nossos pais de não ser o que deveriam ser. Vivenciamos a batalha entre a nossa criança e o nosso intelecto como um confronto interior: vozes que sussurram ou gritam mensagens afastando nossa atenção do momento presente, fazendo-nos voltar ao passado. São as vozes de nossos pais, representadas pela nossa criança e pelo nosso intelecto, fazendo-se passar por nós mesmos. No combate de um contra o outro, eles usam todos os padrões que aprenderam com os pais, numa tentativa desesperada de acertar.

Quando isso não funciona, passam a agir em cumplicidade autodestrutiva. Nossos vícios são exemplos típicos dessa conspiração. A criança interior precisa livrar-se de seus sentimentos de desamor; deseja sentir-se amada, voltando-se então para algo que elimine essa sensação de desamor e criando a ilusão de ser amada. E o intelecto, necessitado de uma pausa em sua constante busca de lógica, diz: "Sim, esta é uma boa idéia". Pode ser comida, álcool, drogas, exercícios físicos, sexo, romance, jogo, trabalho, riscos, adrenalina. Por um pequeno espaço de tempo isso parece bom; mas, quando a ilusão se dissipa, o intelecto volta-se rapidamente para a nossa criança e a culpa outra vez, tentando fugir de toda responsabilidade pela ação. E essa batalha segue em frente.

Nosso *corpo físico* é o portador das informações genéticas e o repositório das lembranças de todas as nossas experiências. Ele proporciona expressão física aos nossos *seres emocional, intelectual* e *espiritual*; é a "casa", a habitação física desses três aspectos não-físicos. Nosso corpo está interligado com a nossa mente não-física por meio de sistemas de retroalimentação neurológicos e bioquímicos. Ele nos proporciona a sensação e a mobilidade. No começo da nossa existência, corpo e espírito estavam em sintonia. Porém, com o desenvolvimento dos nossos aspectos emocional e intelectual e com os conseqüentes conflitos, nosso corpo termina por manifestar os padrões e os conflitos, passando por distúrbios alimentares, tensões, ansiedade, depressões, dores e enfermidades psicossomáticas, vícios de várias espécies, numa palavra: autodestruição. Nosso corpo exprime os programas da criança emocional e do intelecto e também incorpora padrões diretamente ligados à postura física dos nossos pais. Quantos de nós ouviram dizer que andam como o pai, ou sorriem como a mãe? Há também a culpa do nosso corpo: ele é gordo ou magro demais, ou todo cheio de defeitos. Os padrões que adotamos de nossos pais chegam a mudar até mesmo a nossa química corporal.

Esses quatro aspectos do ser não são separados e distintos como os descrevemos. Estão todo o tempo em interação. Trata-se de um modelo simples para um sistema complexo que, no entanto, pode nos ajudar a apreender a dinâmica do que se passa dentro de nós, para que possamos encontrar alguma compreensão e resolução da dissonância que há em nossa vida.

Agora, adultos, temos dentro de nós uma criança emocional, negativamente programada. Essa criança interior traz da nossa infância toda a dor que nos mantém aprisionados como uma criança ferida, sem sentido de tempo ou de espaço. Podemos ser impelidos repetidas vezes por algum evento de pouca importância em nossa vida adulta e, subitamente, vemo-nos de volta à infância, tendo os mesmos sentimentos, com a mesma intensidade, como se estivéssemos de fato lá. E desejamos voltar, escapar ou reprimir tudo, tal como fizemos quando crianças. Para a maioria de nós, é muito fácil ficar presa aos sentimentos negativos e evitar os positivos. Na verdade, a maioria de nós, sempre que se sente realmente bem, procura o negativo, e nele se concentra da maneira que aprendeu com os pais. As Pollyanas aprenderam exatamente o oposto: procuram apenas o positivo e negam o resto; um comportamento que é, freqüentemente, o resultado de repetidas agressões.

Nosso intelecto adulto, por sua vez, costuma se esquecer da existência da nossa pequena criança emocional; só valoriza a lógica e o pensamento e, não podendo confiar nos outros aspectos, crê que suporta sozinho o ônus de descobrir a solução para os problemas da vida. A arrogância do nosso intelecto reside no fato de pensar ser ele a nossa essência, o nosso ser espiritual, ou, o que dá no mesmo, acreditar ser a única via para chegar ao nosso ser espiritual. Ele costuma dirigir a nossa vida, tentando extrair sentido da falta de sentido ou menosprezando o não-lógico. Sua programação limita-lhe a visão e, em sua miopia, usa repetidas vezes os padrões aprendidos, a fim de negar a própria verdade.

Nosso corpo adulto vem sofrendo as conseqüências dessa programação desde a infância. Com a passagem dos anos, suas defesas costumam diminuir e vão surgindo cada vez mais sintomas físicos. Todos padecem de alguns desses sintomas. Para muitos de nós, são dores de cabeça ou nas costas. Para outros, são doenças freqüentes — gripes e resfriados — ou moléstias crônicas como úlceras e pressão alta. Pesquisas estão acumulando um número crescente de dados relacionados com a interação entre mente e corpo e temos, agora, inúmeros *best-sellers* a esse respeito. Muitos de nós aprendemos a ignorar os sintomas, a negar sua validade e importância. Tratamos o corpo como se estivesse separado da mente, e não fosse também um reflexo dela.

Nosso ser espiritual só pode aparecer em alguns poucos momentos que são preciosos instantes de paz interior e amor. O que um dia preencheu nosso ser, hoje se acha oculto sob camadas de programação do Amor Negativo, o que faz com que nos sintamos distintos da nossa verdadeira essência. Quando perguntamos a nós mesmos "Quem sou?", ou, "O que quero da vida?", estamos buscando esse aspecto. Nosso *ser essencial* é a parte que nos faz crescer e aprender. Aquele que nos traz serenidade e que se empenha pela unidade e pela integração.

No Amor Negativo, esses quatro aspectos do ser — nossa Quadrinidade — estão separados e em conflito. Vivenciamos a opção entre ser iguais a mamãe e papai, ou nos rebelarmos contra eles de uma maneira igualmente insatisfatória. O caráter compulsivo de nossos padrões cria desarmonia e desintegração. Quando vivenciamos o valor essencial de cada um de nossos quatro aspectos podemos, finalmente, nos comprometer a encontrar uma forma de reivindicar a beleza inata de cada um deles e alcançar a reintegração. Com isso, recuperamos o livre-arbítrio para ser da maneira que de fato somos, reconhecendo as muitas opções que, na verdade, a vida nos oferece, fazendo a melhor escolha em todos os aspectos de nossa vida.

Capítulo 3

O que há de errado com a minha vida?

Muitas pessoas evitam considerar essa questão, a menos que apareça uma crise em suas vidas e, ainda assim, na maioria das vezes, fazem-no apenas superficialmente, pois do contrário a conclusão seria demasiado deprimente. Sentimos que não podemos enfrentar tudo o que precisa ser mudado, e por isso procuramos uma "solução mágica", isto é, colocamos nossa esperança numa única coisa que, acreditamos, será capaz de mudar tudo: um novo relacionamento, um casamento, um bebê, um novo emprego, uma promoção, ganhar na loteria, tirar férias, uma relação amorosa, mudar de casa ou de cidade, talvez de país, embriagar-se ou permanecer sóbrio. E trabalhamos para conseguir essa situação, e esperamos que toda a nossa vida vá melhorar. Talvez melhore, mas ainda assim isto não será suficiente.

Com freqüência, vivemos apenas superficialmente, porque parece muito doloroso ir mais fundo. Não sabemos o que fazer com a dor, com as feridas, a vergonha, a raiva, os ressentimentos, a depressão, os desequilíbrios, o vazio, a solidão, o sentimento de não sermos dignos de amor. Apegamo-nos ao que conhecemos, porque parece seguro, confortável e familiar, mesmo que não seja satisfatório. Sabemos que poderemos sobreviver, como sempre. Afinal, temos feito isso desde a infância!

Contudo, em algum momento de nossa vida, paramos e dizemos: "Tem que haver mais!" Em algum nível, independentemente de tudo quanto realizamos, interior e exteriormente, sabemos que agora estamos prontos a empreender a jornada de volta a nós mesmos, à nossa essência. Finalmente, estamos dispostos a perguntar o que de fato queremos, descobrir quem realmente somos, aceitar e amar a nós mesmos e viver no mundo a partir desse amor.

Percorremos esse caminho e também assistimos a milhares de outras pessoas em sua jornada de volta a si mesmas. Pouco importa quão terríveis alguns de nós se sintam ou pareçam ser, cada um tem de fato um ser essencial totalmente positivo, forte e jubiloso. Jamais encontraremos uma única pessoa cuja essência seja negativa ou malévola. É certo que todos temos muitos padrões negativos, porém, a nossa essência, o nosso cerne, o nosso ser espiritual é prodigiosamente íntegro.

O primeiro passo no caminho é considerar realmente a nossa vida atual com olhos críticos e identificar o que há de errado com ela. Verificar tudo, não apenas um grande problema. Então, estabelecer o vínculo entre o que há de errado em nossa vida atual e o modo como aprendemos a ser assim, desde a infância, com nossos pais. Ao fazer isso, poderemos perceber quando nos rebelamos contra nossos pais e optamos por uma compulsão alternativa.

No Capítulo 1, falamos acerca da origem dos padrões negativos. O que faremos agora é uma análise desses padrões, identificá-los em nossa vida atual e reportá-los à nossa infância, observando de que maneira os aprendemos e como os praticamos. Terá sido com a mãe, com o pai, com os dois ou, quem sabe, com pais substitutos? Pais substitutos incluem figuras parentais que não nossos pais biológicos, mas que tiveram influência em nossa formação: padrastos, madrastas, avós ou uma babá, por exemplo. Nossa programação resulta do relacionamento com os nossos pais, da concepção à puberdade. Ainda que tenhamos sido adotados, sem sequer chegar a "conhecer" nossos pais biológicos, somos também programados por eles e por sua ausência.

É importante reconhecer que os comportamentos, estados de humor e atitudes não são, em si mesmos, positivos ou negativos. Quando são automáticos, compulsivos, inconscientes, constituem uma programação adquirida de nossos pais, que aqui denominamos *Padrões de Amor Negativo*. Tomemos, por exemplo, comportamentos como a obsessão pelo trabalho, a honestidade compulsiva, o excesso de responsabilidade ou a superproteção. Quando nos libertamos da compulsão desses padrões, podemos muitas vezes usá-los em nosso benefício, e nesse caso deixam de ser negativos.

Pensemos agora em nossa vida, começando pela relação que estabelecemos com nós mesmos, com o nosso próprio eu. De que modo nos relacionamos com a criança emocional em nosso interior? Qual é a sua idade? Quais são os seus medos e quais as suas necessidades? Ao menos reconhecemos a sua existência? Se o fazemos, com que freqüência podemos ouvi-la, validá-la, tranqüilizá-la e nutri-la? Quando a sua voz se cala ou se mostra temerosa? Acaso ela dirige nossa vida? Como nos relacionamos com nosso intelecto adulto? Confiamos nele e o valorizamos? Ele é o chefe de tudo, sempre com toda responsabilidade, autocentrado, um sabichão, a voz da autoridade, do julgamento e da crítica? Ou é confuso, inadequado ou solitário? Temos alguma relação com o nosso ser espiritual? Teremos aprendido a negá-lo ou a duvidar de sua existência? Negamos a espiritualidade, a existência de Deus, ou acreditamos que tudo isso está fora de nós e tem de ser conseguido? Ou recorremos a Deus apenas quando queremos alguma coisa, ou nos sentimos culpados e com medo?

Como nos sentimos com relação ao nosso corpo? Quando nos olhamos no espelho, sentimo-nos envaidecidos? Podemos nos maravilhar com a beleza dos seus movimentos e sensações? Reservamos um tempo no banho para nos sentirmos realmente conectados com o nosso corpo? Ou só nos damos conta das coisas das quais não gostamos? Temos vergonha dele? É muito gordo ou muito magro, tem a forma errada? Será que o alimentamos e cuidamos dele, nutrindo-o com comida saudável, exercício, descanso e sono? Ou será que abusamos dele, somos negligentes ou simplesmente o ignoramos? Como nos sentimos em relação ao sexo? Sentimo-nos orgulhosos e adoramos ser o que somos? Aceitamos nossa sexualidade e nossa tendência sexual? Sentimo-nos livres para pensar em sexo, para falar sobre isso e exprimir a sexualidade e a sensualidade? O sexo está integrado à nossa vida, ou se encontra num cômodo à parte, secreto, sujo e perigoso?

Enquanto observamos o que é verdadeiro em nossa vida atual e nos reportamos às lembranças da nossa infância, podemos perceber o modo como nossos pais se relacionavam entre si e também com os vários aspectos de nosso ser. Talvez tenham exibido um certo comportamento uma única vez, mas nós o aprendemos. Temos que descobrir com quem aprendemos cada padrão: mãe, pai, pais substitutos. Precisamos nos dar conta desses vínculos, pois, ao fazermos as conexões específicas, a percepção da realidade do amor negativo cresce em nós e estimula a nossa determinação de ser livres.

Como é o nosso relacionamento adulto com os nossos pais? Gostamos de passar um tempo em sua companhia e apreciamos compartilhar nossos pensamentos e sentimentos? Gostamos de fazer muitas coisas juntos? Ou a nossa tolerância limita-se a uns poucos minutos ou horas — de vez em quando — e a uma conversa superficial? Quando estamos perto deles sentimo-nos como crianças mesmo que tenhamos os nossos próprios filhos? Ainda nos sentimos controlados ou manipulados? Sentimo-nos culpados por não passar mais tempo com eles? Vivemos tão longe que raramente temos tempo de vê-los, ou odiamos a sua companhia e evitamos ficar juntos mais que uns poucos minutos? Temos alguma ilusão acerca da qualidade de nosso relacionamento adulto com nossos pais, pensando que ele é muito melhor do que realmente é? Tratamos nossos pais tal como eles nos trataram quando éramos crianças? Agora, quando os percebemos dependentes, assumimos um papel de autoridade para nos vingarmos deles?

Como nos relacionamos com nossos irmãos e irmãs? Essas são as pessoas mais próximas de nós — biológica e fisiologicamente —, mais ainda do que nossa mãe e nosso pai. Aprendemos a ter relações próximas, amorosas e gratificantes com todos eles, com algum deles? Confiamos e recorremos a eles para obter conselhos e para compartilhar experiências? Podemos confiar-lhes nossos segredos? Somos amigos superficiais? Competimos, sempre nos comparando e vendo quem está na frente? Mantemos distância por temor a sermos feridos? Alimentamos ressentimentos? Ou os ignoramos e pensamos que não há problema nisso, porque na verdade nunca sentimos que o nosso relacionamento tivesse alguma importância?

O modo como aprendemos a nos relacionar com nossos irmãos e irmãs afeta a maneira de nos relacionarmos com amigos e colaboradores. Como são os nossos outros relacionamentos? Temos amigos íntimos? Muitos ou apenas uns poucos? São amigos com quem partilhamos pensamentos e sentimentos mais profundos ou apenas nossas atividades? Nossos relacionamentos são estáveis e duradouros? Somos dedicados e estamos sempre cuidando dos outros, ou somos as vítimas que precisam de atenção? Apoiamos nossos colegas de trabalho, ou somos sempre críticos e desconfiados? Estamos sempre percebendo quem está dando mais? Sentimo-nos livres para dizer o que pensamos e o que queremos?

E as nossas relações com homens e mulheres? Todos os homens são o nosso pai e todas as mulheres a nossa mãe. Confiamos mais nos homens que nas mulheres? Precisamos de um homem ou de uma mulher para provar o nosso valor ou força? Nosso relacionamento é sempre sedutor? Quais mudanças ocorrem em nosso comportamento quando estamos com homens e com mulheres? Temos amigos de ambos os sexos?

E que dizer de nossos relacionamentos amorosos? Temos parceiros verdadeiramente amorosos e companheiros, pessoas que nos amam pelo que somos e que nós amamos pelo que realmente são? Ou criamos relacionamentos superficiais, nos quais nunca podemos exprimir os nossos pensamentos ou sentimentos por ser perigoso fazê-lo? Estamos sempre encontrando defeitos em nossos parceiros, ou vemos neles apenas os aspectos positivos, sem nenhum equilíbrio na imagem que fazemos deles? Há abuso ou vícios envolvidos nesse relacionamento? Queremos transformar essa pessoa? Somos possessivos, ciumentos e hipercríticos, e chamamos isto de amor? Traímos nosso amor, ou somos traídos por ele? Queremos que essa pessoa viva por nós, ou desejamos viver através dela? Ou buscamos sua companhia apenas para não nos sentirmos sozinhos?

Como nos relacionamos sexualmente? É uma expressão do nosso amor e respeito de um pelo outro? Podemos ser livres para exprimir a nossa sexualidade de maneira plena e franca? Podemos falar sobre o que queremos, sobre o que parece bom, num dado momento, e nos sentimos ouvidos? Esperamos que o outro adivinhe as nossas necessidades e desejos, e que qualquer insatisfação seja culpa sua e não responsabilidade nossa? Se temos atração sexual por pessoas do mesmo sexo, sentimo-nos livres para exprimi-la e deixar fluir nosso amor? Será que o amor é bom e o sexo é sujo, de modo que tenhamos que procurar fora da nossa relação amorosa a excitação sexual? Sentimos alguma compulsão sexual? Somos viciados em sexo para provar ou sentir alguma coisa? O sexo é uma obrigação que julgamos importante mesmo que nem sempre o desejemos? Ou pensamos que o sexo não é importante e por isso negamos nossa expressão, nossa conexão e realização sexuais? Ou somos tão desconectados de nossa sexualidade que nada sentimos?

Como cuidamos das crianças — nossos filhos e os dos outros — e nos relacionamos com elas? Somos capazes de vivenciar e reconhecer seu caráter ímpar e sua beleza? Gostamos de nos divertir com elas, ou nos sentimos ridículos quando o fazemos, considerando tudo uma obrigação? Tratamo-las como pequenos e belos objetos, com os quais brincamos alguns minutos e depois os deixamos de lado? Sentimos necessidade de expressar o nosso amor comprando presentes? Elas são *demais* para nós: barulho demais, sentimentos diretos e abertos demais, energia demais? Quais as nossas expectativas com relação a elas? Podemos permitir que sejam crianças, ou exigimos que sejam pequenos adultos? Recusamo-nos a ter filhos? Sentimo-nos indignos deles? Tememos o que possamos fazer como pais? Envergonhamos, humilhamos e punimos nossos filhos tal como nossos pais fizeram conosco? Nós os mimamos, tratando-os como bonequinhos? Ou simplesmente os ignoramos?

Como é o nosso relacionamento com o trabalho? Gostamos do nosso trabalho, sentimo-nos realizados e satisfeitos? Acreditamos em nossa capacidade de realização e criação? Ou nosso trabalho é um sacrifício, um dever, uma tarefa a ser suportada da qual nos queixamos, mas nada fazemos para mudar? Necessitamos do trabalho para provar o nosso valor, para afirmar a nossa identidade, para nos sentirmos bem? Dedicamos todo o nosso tempo, energia e amor ao trabalho, de modo que não há nada mais? Somos viciados em trabalho? Temos medo do trabalho, talvez por não confiar em nossa capacidade, e nos sentimos dependentes dos outros? Somos donas de casa que não conseguem reconhecer que o que fazem é trabalho? Como nos relacionamos com a autoridade? Podemos ouvi-la e aprender com ela, beneficiar-nos de sua orientação, reconhecer o seu valor e respeitá-la? Ou a tememos, competimos com ela, desafiando-a e sabotando-a? Será que nos rebelamos contra ela e nos sentimos superiores pelo fato de sermos capazes de rebaixá-la? Fugimos dela sempre que podemos? Como tratamos os outros quando temos autoridade? Temos que manter os outros abaixo de nós? Tememos qualquer pessoa que saiba mais que nós? Humilhamos outros? Ou temos medo de exercer nossa autoridade, medo da responsabilidade e, por isso, perdemos muitas oportunidades?

Conhecemos o real valor do dinheiro e não nos identificamos com ele, de modo que podemos tê-lo e usá-lo beneficamente para nós e os outros? Ou o dinheiro é a coisa mais importante em nossa vida e, portanto, quanto mais dinheiro tivermos, melhores seremos? O dinheiro é a nossa segurança: não podemos gastá-lo conosco ou com os outros, porque temos que economizá-lo compulsivamente para o futuro? Ou gastamos tudo o que temos e, mais ainda, de modo que sempre estamos devendo por mais que ganhemos? Negamos o seu valor e ficamos com tão pouco que nos preocupamos o tempo todo em saber se temos o suficiente? Usamos o dinheiro para comprar atenção e amor dos nossos parceiros, filhos, amigos, irmãos e pais?

Quando conhecemos pessoas, estamos dispostos a aprender quem de fato elas são? Aproximamo-nos com abertura, confiança e curiosidade, um certo sentido de aventura? Sentimo-nos livres para ser quem de fato somos e exprimimos nossos sentimentos e pensamentos sem temores de rejeição? Ou somos fechados e temerosos, vendo tais pessoas como um perigo potencial? Olhamos para elas e as julgamos antes mesmo que falem? Ou nos sentimos envergonhados porque não sabemos o que pensam de nós? Tentamos ser superiores ou inferiores? Somos sedutores por medo de ser rejeitados? Quais são os nossos preconceitos? Nossos preconceitos e transferências impedem-nos de ver as pessoas tais como são? Nossos olhos se fecham para a realidade e vemos apenas o que se enquadra nas nossas pré-concepções. Na verdade, podemos até mesmo ver o que não existe, de modo que podemos nunca chegar a conhecer uma pessoa como realmente é.

Temos um sentido de comunidade, a sensação de pertencer ao mundo? Podemos criar relações e sentir-nos vinculados a um grupo que vai além da nossa família? Podemos nos relacionar com as pessoas em igualdade, aprendendo e partilhando uns com os outros, divertindo-nos juntos e aproveitando a companhia um do outro? Ou nos sentimos perdidos num grupo sem saber qual é a nossa posição? Tememos o julgamento, a rejeição ou o perigo? Podemos tolerar e aceitar as diferenças nas pessoas e encorajá-las, qualquer que seja a sua posição ou opinião? Ou precisamos que as pessoas concordem conosco e sejam iguais a nós para nos sentirmos seguros?

Como vemos o mundo? Vemos o mundo pleno de vida e de aventura? Estamos ávidos por estar nele e aprender sempre mais a seu respeito? Ficamos pasmos diante da beleza da natureza e vivenciamos o tempo como algo maravilhoso? Ou achamos que o mundo é hostil, nosso inimigo, cheio de perigos e ameaças? Temos medo de sair sozinhos? Estamos sempre tentando nos proteger? Nossa atitude é "nós contra o mundo"?

De que maneira introduzimos a brincadeira, a diversão e o lazer em nossa vida? Essas coisas ocupam um lugar importante em nossa vida cotidiana, ou são relegadas ao último lugar, apenas depois de termos feito todo o trabalho? Divertir-se significa apenas assistir TV? Ler um jornal ou livro? Temos que passar o nosso tempo livre em atividades planejadas, realizando algo objetivo, ou podemos ser espontâneos, deixando-nos levar pelos sentimentos e desejos do momento? Temos sempre que estar fazendo coisas? Todo o nosso tempo de lazer é gasto com os outros? Ou somos capazes de nos divertir em nossa própria companhia? Ou a diversão e o sentir-se bem são as coisas mais importantes em nossa vida e tudo o mais é prejudicado por causa disso?

Para muitos de nós, é difícil fazer até mesmo esse inventário limitado. Desejamos mudar o foco porque não queremos conhecer a verdade. Resistimos a nós mesmos e rejeitamos a própria realidade. Contudo, precisamos voltar no tempo e lembrarmo-nos da época em que mamãe e papai apontavam os nossos defeitos e pela maneira como o faziam ensinaram-nos a não enfrentá-los. Outros, em virtude de sua programação, podem até se divertir ao relacionarem suas negatividades. Reconhecer o que há de errado em nossa vida e a forma como aprendemos tudo isso com nossos pais, na nossa infância, é o começo da jornada para o autoconhecimento.

Capítulo 4

Algumas condições importantes para o trabalho interior

O trabalho que precisamos fazer para nos libertar de nossa programação e para reivindicar nossa positividade, começa no intelecto, com a consciência. Mas boa parte das nossas feridas remontam a muito antes de nosso intelecto estar ativo; elas ocorreram num nível físico e emocional, e é lá, no setor da emoção, aonde temos de ir para curá-las. Nosso intelecto tem condições de entender e aceitar os fatos, mas não é capaz de aliviar a dor. A única maneira de alcançar uma mudança profunda e duradoura é através da experiência. Temos de nos reconectar às nossas experiências e descobrir, validar e exprimir os nossos sentimentos mais profundos. Toda nossa programação negativa é resultado da crença inconsciente de que nossos pais "sabiam o que era melhor". Temos vivido com base nessa falsa crença há muito tempo. Precisamos de experiência pessoal para que possamos conhecer a nossa verdade em vez de acreditar que ela é tal como nos foi ensinada.

Ao buscar este autoconhecimento, também é importante contarmos com um professor, alguém que nos guie, que nos indique uma direção e nos apóie, especialmente quando as situações ficam mais difíceis. Para nos conhecermos verdadeiramente, temos de nos conectar com a criança emocional em nosso interior: a detentora de nossa vergonha, dor e raiva, o repositório de nossas lembranças. Com freqüência, é difícil ir até ela sem companhia: parece-nos assustador. Nosso intelecto tem se esforçado muito para nos proteger da dor, para mantê-la reprimida e contida. Muitos têm medo de que, dentro deles, haja algo ruim a temer.

Há experiências negativas e dolorosas em nós, mas não há nenhuma maldade. Precisamos ter a vivência dessa verdade para fazer essa descoberta. Para realizar esse trabalho, alguns padrões do intelecto, tais como invalidação, negação, etc., precisam ser postos de lado. Precisamos nos sentir seguros para nos entregarmos aos nossos mais profundos sentimentos e lembranças, a fim de podermos recuperar nossa beleza interior. Um professor pode criar o espaço psíquico e fornecer o apoio de que precisamos para mergulhar profundamente e ir a lugares em que nos sentiremos demasiado assustados para nos aventurarmos sozinhos. Ele pode validar e ampliar a percepção de nossas experiências, estimulando-nos a ser o que de fato somos.

É essencial preparar um lugar seguro e estabelecer o período adequado para este trabalho. É maravilhoso podermos nos afastar um pouco de nosso cotidiano e saber que dispomos de todo o tempo necessário para nos concentrarmos na cura de nosso passado. Quando crianças, muitos de nós jamais encontramos tempo suficiente para nós mesmos e, agora, temos o mesmo problema. A percepção intelectual pode ser conseguida em breves períodos, mas o trabalho com os sentimentos requer mais tempo para que ocorra a entrega. Ao nos concentrarmos por dias seguidos inteiramente em nós mesmos, podemos atingir uma profundidade e uma completude que dificilmente experimentamos em nosso cotidiano. A concentração e o trabalho intensivos e experienciais permitem-nos realizar mudanças muito mais profundas e duradouras do que parece possível em grandes períodos de tempo, espaçados.

Há um tremendo valor em fazer esse trabalho de crescimento num grupo que proporcione apoio e evite o confronto; um grupo no qual cada um possa fazer o seu trabalho com privacidade, sem revelar segredos. Todos nos beneficiamos com o compromisso coletivo de crescimento e mudança, pois isso reforça o compromisso com o nosso próprio ser. Entramos em contato com a energia do grupo e somos impelidos a fazer aquilo a que nos comprometemos com muito mais facilidade. Em alguns casos, estimulados pelo esforço das pessoas à nossa volta de superarem a sua programação, vemo-nos realizando um trabalho que nunca pensamos ser capazes de fazer.

A energia do crescimento nos faz sentir conectados com esse trabalho. Vivenciamos o fato de que todos nós estamos combatendo a programação do amor negativo e nos dispomos a aprender uns com os outros. Às vezes, é mais fácil nos vermos através dos outros do que olhando diretamente para o nosso interior. Saímos da solidão e desenvolvemos um sentido de comunidade e percebemos o nosso potencial de compartilhar nossas experiências no nível mais profundo, no nível da dor e da cura. Podemos vir a perceber, também, quão pouco vemos os outros sem transferência, bem como a abrir-nos verdadeiramente à experiência da pessoa que temos diante de nós. Podemos experimentar a validação do grupo quanto à nossa coragem, à nossa determinação de nos desvincularmos do passado, e às nossas vitórias arduamente conquistadas. Podemos vivenciar o sentido da intimidade, a capacidade de sermos nós mesmos.

Muitos resistem a algumas ou a todas essas condições, tentando depender apenas do seu próprio intelecto. Mas nosso intelecto, apesar das muitas forças de que dispõe, também está preso à sua programação e, dessa forma, nos mantém prisioneiros. Precisamos, em vez de usar o intelecto, restabelecer a ligação com o nosso próprio ser essencial e transferir a nossa dependência do intelecto para esse aspecto central de nós mesmos. Só então começa o verdadeiro e produtivo trabalho interior.

Capítulo 5

Liberando a raiva

Todos temos tanta raiva guardada dentro de nós, desde a infância, que não conseguimos reconhecê-la, porque não saberíamos o que fazer com ela. Para a maioria, na infância, nunca foi permitido exprimir essa raiva. Por isso, aprendemos a guardá-la, acumulá-la em nosso interior, onde nos tem envenenado por décadas. Alguns têm apenas umas poucas lembranças conscientes dessa raiva. Outros se tornaram mais conscientes dela. Infelizmente, em nenhum caso a raiva desaparece simplesmente. Temos de reconhecê-la tal como é, e liberá-la.

A raiva começou com a dor, com as feridas que nos foram infligidas na infância por nossos pais. Como já dissemos, mesmo que tenham tido maravilhosas intenções, nossos pais não foram perfeitos. Muitas vezes nos feriram, e quanto mais violentos e descuidados tenham sido, maior ainda foi a nossa dor. Por causa do que nos fizeram, ou não fizeram por nós, nos sentimos feridos, humilhados, culpados, envergonhados, tristes, temerosos, rejeitados e abandonados. Não nos sentíamos validados; estávamos sempre aquém das expectativas, éramos maus, errados, indignos de amor. Sentíamo-nos frustrados e confusos, violentados e alvo de abusos. Muitos sentiram que aqueles não podiam ser os seus verdadeiros pais; que talvez fossem filhos adotivos. Todos esses sentimentos foram e são dolorosos.

Começamos a ter esses sentimentos no útero de nossa mãe, e eles continuaram a se acumular por toda a nossa infância, tornando-se cada vez mais fortes. A dor equivalia à nossa alienação diante de nossos pais, e tínhamos de encontrar um meio de tentar restaurar o vínculo. Cada vez que nos sentíamos feridos, criava-se um novo padrão de amor negativo, ou reforçava-se outro já existente. A dor fazia que nos sentíssemos impotentes e indefesos, porque, na realidade, a nossa alienação, tal como a sentíamos, não se restringia aos nossos pais, mas estendia-se a nós mesmos, à nossa real essência, ao próprio poder e força interiores.

A dor muitas vezes era tão intensa que, com a conseqüente sensação de impotência, passávamos da dor para a raiva. Esta nos dava uma sensação de poder, nos dava um sentido de separação e de distanciamento das pessoas que nos feriam: os nossos pais. A maioria de nós, quando expressava essa raiva, aprendia que isso não era aceitável. E como dependíamos inteiramente deles, parecia que não conseguiríamos sobreviver caso deles nos alienássemos. É possível que, em nossa rebelião, tenhamos sido destrutivos e, como resultado, tenhamos obtido uma atenção negativa de nossos pais. Como receber atenção negativa é melhor do que não receber atenção alguma, aprendemos a voltar a raiva contra nós mesmos, a ser autodestrutivos vezes sem conta.

É como se cada um de nossos padrões de amor negativo estivesse aferrado a nós junto à dor e à raiva. A dor é conseqüência direta das ações, maternas e paternas, responsáveis pela sensação de alienação e pela adoção desses padrões. A raiva lhes é dirigida porque eles não foram capazes de nos aceitar tal como éramos.

As crianças têm direito a todos os seus sentimentos, a ter raiva e a exprimi-la. Mas a maioria dos pais lhes nega esse direito. Uma vez que a nossa sobrevivência dependia da sensação de sermos amados por nossos pais, não nos era possível permanecer consciente da causa da dor ou da raiva. Por essa razão, tentamos reprimi-la ou ignorá-la. Muitos viram a repressão desse sentimento ser modelada pelos próprios pais. Ao reprimir a raiva, nós a voltávamos contra nós mesmos — e, mais tarde, fomos nós que sofremos!

A raiva reprimida e dirigida contra nós gera a depressão e uma atitude autodestrutiva. A depressão tornou-se alarmente em nosso mundo porque não sabemos identificar e exprimir a raiva de maneira produtiva. E essa depressão, em conseqüência do amor negativo, é passada de geração a geração. Dirigida aos outros, a raiva reprimida gera ressentimento. E o nosso corpo sofre as conseqüências dessa repressão na forma de toda espécie de mal-estar e dores. Pense em quantos têm doenças advindas da tensão: dores de cabeça, dores nas costas, torcicolo, pressão alta, colite, doenças cardíacas, prisão de ventre, alergias e até câncer. Nossa raiva reprimida está nos matando metafórica e concretamente.

Todos passam, como adultos, por explosões dessa raiva acumulada. No trânsito, por exemplo, quando alguém nos fecha a passagem e a nossa ira vem à tona, talvez aceleremos ou façamos gestos obscenos, até mesmo podendo provocar um acidente, colocando em risco a nossa vida e a de nossos acompanhantes. E nos consideramos cobertos de razão, verdadeiros "heróis vingadores".

A justa raiva, que jamais pudemos exprimir por inteiro diante de mamãe e papai, encontra uma razão aceitável para vir à tona e liberar a tensão. Isso acontece em especial quando estamos cansados e sob pressão. Talvez alguém — nosso chefe, nosso cônjuge, nosso parceiro, nosso filho — nos peça alguma coisa, ou não cumpra o que prometeu, e essa raiva acumulada jorra em caudalosas torrentes. Uma vez que sempre agimos assim e, quem sabe, os nossos pais também — uma adoção direta de padrão de comportamento negativo —, pensamos que isso de fato se justifica. Uma certa dose de raiva pode ser adequada, mas o mesmo não ocorre com as intensas explosões que nos acometem. Isso se justificava quando éramos crianças e dirigíamos a raiva aos nossos pais, o que não tem cabimento na nossa vida atual.

Na idade adulta, ainda sentimos essa dor. Precisamos fazê-la voltar à sua origem: a infância, mamãe e papai. Necessitamos vinculá-la outra vez à raiva que acumulamos dentro de nós e que muitos não conseguem reconhecer. Nossa programação, advinda dos pais, mantém a negação em seu lugar. Quando crianças, víamos nossos pais, antes de tudo, como pessoas fortes e sábias, que tudo conheciam;

agíamos assim porque dependíamos totalmente deles e o seu amor era a condição da nossa sobrevivência. Assim sendo, éramos forçados a negar as suas negatividades, ou a culpar a nós mesmos.

Além disso, quase todos aprendiam que tinham de honrar pai e mãe, razão pela qual passamos a acreditar que isso equivalia a concordar e a ser como eles. Essa admoestação tem grande peso na mente de uma criança, em especial por estar vinculada à ameaça de uma ulterior separação permanente de papai e mamãe. Na verdade, honrar pai e mãe significa respeitá-los por aquilo que de fato são, permitindo-lhes ser quem são de modo pleno, seres plenamente humanos. Portanto, desonramos nossos pais ao considerá-los como se fossem pessoas perfeitas, negando-lhes a sua humanidade.

A maioria de nós consegue lembrar-se de um ou dois eventos da infância que nos infligiram dor, ou incitaram a nossa raiva. Isso é um começo. Muitos têm condições de recordar inúmeras ocasiões em que ficaram irritados. Quando isso ressurge em nossa mente, podemos voltar a ter contato com a raiva e saber que ela ainda permanece, que nunca foi embora, que é real.

Grande número de pessoas lembra muito pouca coisa da infância. Isso não significa que suas experiências tenham sido alegres e plenas de amor. Essa repressão das recordações é, na verdade, um sinal de dor e infelicidade. Reprimimos aquilo que é demasiado doloroso para ser lembrado. As meditações e visualizações dirigidas são recursos prodigiosos de resgate das lembranças e sentimentos da infância. Mas esta técnica deve ser dirigida por um professor preparado e capaz de nos dar apoio; que possa tornar segura a recordação de sentimentos que tenhamos reprimido, um professor dotado de condições para nos ajudar a lidar com as lembranças dolorosas que possam emergir.

Nossa mente é um instrumento maravilhoso. Na infância, ela nos protege de uma dor demasiado profunda para que a lembremos e, na idade adulta, evoca essas lembranças quando temos forças suficientes para lidar com elas. Quando, na idade adulta, as recordações infantis dos maus-tratos voltam à tona, podemos não estar prontos para lidar com elas; mas o nosso ser espiritual sabe que, nesse momento, podemos reunir os recursos para aprender e crescer, caso optemos por isso. Na infância, tivemos de enfrentar o trauma sozinhos e sem contar com nenhuma ajuda, mas agora podemos fazer a opção de nos proteger e ajudar, trabalhando com um professor que nos possa guiar por quaisquer trevas que existam e nos levar à luz da nossa própria verdade. Não somos culpados! Nosso intelecto pode saber disso, mas a nossa criança interior precisa de apoio no momento em que resgata esses sentimentos mais uma vez.

Tendo identificado o que está errado em nossa vida atual e voltado à nossa infância, tendo descoberto as experiências infantis que criaram esses padrões de amor negativo, podemos perceber que adotamos os comportamentos, estados de espírito, atitudes e admoestações (os "deves" e os "não deves") de nossos pais. Nós os incorporamos, internalizamos e nos tornamos como eles. Perceber isso é algo poderoso, em especial quando vivenciamos a maneira sutil de como nos tornamos iguais a eles, do modo como juramos que nunca iríamos fazer. Essa percepção alimenta a nossa determinação de nos libertarmos desses padrões para que possamos ser o nosso verdadeiro eu. Nossos pais não nos pertencem; eles ocupam o nosso espaço, não deixando lugar para nós. Somente quando os tiramos de dentro de nós mesmos podemos nos tornar quem de fato somos e realizar o nosso verdadeiro potencial.

A esta altura da vida, estamos preparados para nos desconectar da necessidade de aprovação e de amor dos nossos pais. Essa é uma necessidade infantil. A infância já passou e não podemos retroceder e modificá-la. Ela foi como foi. A necessidade de aprovação e de amor não pode depender, neste momento, de nossos pais. Só podemos atender a esta necessidade por meio da reconexão com o nosso ser interior, nosso ser espiritual, que é todo amor.

Precisamos agora destruir, aniquilar, matar os pais negativos que vivem dentro de nós. Temos de fazer isso com um de cada vez. Esse é o trabalho da nossa criança emocional interior, que tem carregado toda a dor e a raiva. É um trabalho drástico, mas é a única maneira pela qual poderemos traçar uma fronteira entre nós e eles. É o único meio de nos libertarmos de nossos pais internalizados e nos tornarmos nós mesmos. Eles não vão partir por si mesmos. Não é possível realizar isso em termos intelectuais, espirituais ou apenas físicos. Nossa criança emocional tem de recuperar sua voz e seu poder. Essa tarefa requer coragem. Ao realizá-la, a nossa criança precisa da ajuda de nosso corpo, intelecto e espírito. Isso deve ser feito num ambiente seguro e capaz de dar apoio, no qual contamos com direção.

Obviamente, estamos nos referindo à descarga da dor e da raiva em nossos pais negativos introjetados, não aos nossos pais físicos. Muitos já expressaram sua dor e raiva acusando diretamente os pais físicos e isso apenas serviu para gerar mais culpa a autopunição. O trabalho que propomos é interior e tão-somente com a finalidade de nos liberar, sem que, para isso, tenhamos que ferir alguém.

Nossa criança realiza essa tarefa formidável, vivenciando e expressando a raiva de um modo concentrado diante da mãe e depois do pai negativos de nossa infância, que vivem em nós, culpando-os por tudo o que nos fizeram e nos ensinaram. A raiva pela raiva de nada vale. Precisamos expressar toda a raiva que tem sido armazenada em nós, desde a infância, em função de cada ato doloroso individual realizado por nossos pais. Devolvemos-lhes os padrões um por um, dizendo àquele genitor negativo que vive em nós, em termos bem definidos, que os padrões negativos são dele e não nossos, e que nos recusamos a permanecer identificados com eles, manipulados por eles. Nossa criança precisa ser infundida de poder a fim de fazer as coisas que nos foram vedadas na infância — gritar, berrar e xingar. Precisamos lançar para fora nossos pais internalizados, livrar-nos deles, e exigir a nossa independência para sermos quem de fato somos.

Ao fazer esse trabalho emocional, esse trabalho físico, exprimindo a raiva que conservamos e negamos por tanto tempo, sentimos a liberdade de exprimir o que, por toda a vida, vinha sendo inexprimível. Vivenciamos o poder de dizer em altos brados a nossa verdade. Sim, aquilo de fato nos feriu! E as lembranças começam a surgir com maior rapidez, pois agora há um propósito no lembrar.

A partir desse momento, não se trata apenas de sentir a dor e a raiva novamente; expressá-las é nos libertarmos delas. Quando recuperamos a capacidade de afirmar a nossa verdade, adquirimos um profundo sentido de felicidade. Sentimos que a carga vai ficando mais leve. De repente, a energia se transforma, e sabemos que destruímos o poder desses padrões sobre nós. Eles estão mortos e nós livres. Apesar de todo o desgastante trabalho que fizemos, sentimo-nos de súbito cheios de energia, luz e júbilo. Nossa expressão facial se transforma, fica mais real, mais meiga, e nossos olhos mais límpidos. Nosso corpo fica mais livre e mais ativo. Libertamo-nos da necessidade de ser como mamãe e papai, não precisamos mais comprar o seu amor. Voltamos então a sentir o próprio ser e percebemos que é verdade: somos melhores do que pensávamos ser! E podemos amar a nós mesmos!

Capítulo 6

Experienciando o outro lado

Colocando a raiva para fora, impelimos nossos pais para o seu lugar de direito: fora de nós. Já não estamos fundidos a eles; temos as próprias fronteiras. Na idade adulta, com a nossa criança emocional corajosa e sincera, podemos saber que não somos os nossos pais, nem temos as suas características negativas, e que eles já não vivem em nós. Podemos saber isso agora, porque vivenciamos nossa separação em relação a eles. Experimentamos a nossa verdadeira essência, o nosso ser espiritual, e sabemos o que somos. Esse é o primeiro passo em nossa evolução espiritual, mas é somente o começo da nossa jornada de volta a nós mesmos.

Agora, pela primeira vez na vida, podemos ver os nossos pais como de fato são: distintos de nós, separados da nossa necessidade de ser amados. Conectados com a própria verdade, tornamo-nos capazes de nos conectar com toda a verdade: não apenas a nossa verdade, mas também a verdade de nossos pais. Até então, mesmo quando pensávamos conhecer a sua verdade, podíamos conhecê-la somente em termos intelectuais, pois a nossa compreensão emocional estava bloqueada por nossas feridas e por nossa raiva, até então reprimidas.

O ressentimento inconsciente em relação a nossos pais tornava impossível a verdadeira compreensão; e continuávamos a culpá-los por não nos terem amado da maneira que precisávamos. Talvez pudéssemos justificar o que eles fizeram, mas não poderíamos alcançar a profunda compreensão emocional que agora se torna possível. Por outra parte nos culpávamos por não termos tido condições de amá-los como eles mereciam. Agora que nos libertamos de nossos sentimentos negativos reprimidos com relação a nossos pais, através de sua manifestação, podemos tomar consciência da nossa capacidade de encarar a verdade, de compreender emocionalmente e parar de condenar. Sabemos que eles são culpados por todas as dores que nos infligiram. O que temos de descobrir agora é que não devem mais ser acusados.

Algumas pessoas temem perder o poder arduamente adquirido caso encarem o outro lado, o que é compreensível. Durante a nossa infância, nossos pais eram fortes e nós nos sentíamos impotentes. Eles estavam por cima e nós por baixo. Ao exprimir a dor e a raiva, conseguimos libertar-nos "deles". Mas o protesto sempre é liberdade codependente, porque sempre se opõe aos outros e porque ainda estamos negativamente apegados. No protesto, o nosso poder advém do ato de diminuí-los: agora estamos por cima e eles por baixo. Essa mudança parece boa e não queremos perder o poder que obtivemos. Contudo, estamos sempre nos protegendo de ataques e o nosso foco está nos outros.

Nossa meta final é a liberdade, não apenas em relação a nossos pais, mas para que possamos ser nós mesmos; e tal liberdade só poderá ser alcançada se levarmos em conta ambos os lados. Somente quando nos virmos como de fato somos e aos outros como realmente são, poderemos ser iguais e verdadeiramente livres. Não faremos isso por nossos pais, mas por nós mesmos, porque essa é a única maneira de encontrar o verdadeiro poder interior, em vez do poder falso e superficial da superioridade. O único modo de nos libertarmos do amor negativo é, antes de tudo, encontrar uma profunda compreensão emocional, perdão e compaixão por nossos pais. Ao fazê-lo, poderemos finalmente encontrar tudo isso com relação a nós mesmos. Esse é o meio de nos libertarmos da terrível cadeia do amor negativo, que passa de geração a geração.

A verdade é que nossos pais um dia também foram pequenos bebês. Embora seja óbvio, é realmente difícil para nós conceber isso. Mas nossa mãe foi um dia uma garotinha, e o nosso pai, um garotinho. Eles também tiveram pais que não lhes podiam dar amor e, por toda a vida, ansiaram por esse amor, tal como nós o fizemos. Eles também aprenderam tudo em sua infância e não tiveram outra escolha senão reproduzir e transmitir todas essas coisas para nós. Assumiram os comportamentos, estados de espírito e atitudes de seus pais, tal como nós, a fim de conseguir seu amor. Tiveram os próprios traumas infantis e fizeram as suas decisões diferirem das de seus pais. Sim, eles também sofreram o ônus do amor negativo. Com efeito, fizeram o melhor que podiam, e é provável que nos tenham dado mais do que jamais receberam.

Se mamãe e papai eram submissos, críticos, violentos, abusivos, controladores, desleixados, frios, distantes, vítimas, é porque também aprenderam todos esses padrões na infância com o pai e a mãe deles. Se tivessem tido escolha, você acha que teriam optado por uma vida como a deles? E quanto a nós, será que queremos trocar nossa vida pela deles? Nossos pais só queriam encontrar uma coisa na vida: amor e aceitação incondicionais. E não puderam conseguilos de seus pais, de si mesmos ou de nós. Caso já tenham falecido, é provável que jamais tenham sentido amor e aceitação. Se ainda vivem, é muito provável que levem uma vida sem amor. Por toda a vida, temos pensado que sabíamos quem eles eram. Agora, precisamos descobrir o que eles de fato experimentaram na infância, e desejar saber quem verdadeiramente são.

Muitas vezes, nossos pais nos contaram histórias sobre sua infância, e nós aceitamos todas como verdadeiras. Lembremo-nos que o intelecto pode manipular as histórias e elas podem aparecer de uma forma muito mais clara e profunda ao entrarmos em contato com a dor e a raiva reais da criança. Em geral, graças ao intelecto, há uma séria discrepância, se não em termos factuais, ao menos em termos de negação ou omissão. Só poderemos alcançar a compreensão se desejarmos abrir nosso coração ao deles, saber o que sentiram quando crianças com seus pais. Precisamos pôr a culpa de lado e ultrapassá-la, para alcançar a profunda compreensão emocional. Precisamos estar dispostos a nos colocarmos no lugar deles e experimentarmos o que a vida foi para eles, de acordo com o seu modo de ver. Tivemos a experiência do fato de haver dentro de nós uma criança emocional que tem sido ferida e privada de amor a vida inteira. Também nossos pais têm uma criança emocional dentro de si, que também não tem sido amada e padece de dor, tristeza, vazio e solidão.

O próximo passo na nossa jornada é vivenciar essa pequena criança ferida que há dentro de nossos pais.

Como já dissemos, precisamos fazer esse trabalho com supervisão, num lugar calmo, tranqüilo e seguro, pois só assim poderemos nos permitir mergulhar na experiência. Em primeiro lugar, temos de nos conectar com a nossa criança emocional interior e sentir o nosso coração aberto a nós mesmos e em contato com nossa curiosidade acerca do que nossos pais de fato experimentaram em sua infância. Então, da perspectiva dessa criança que há dentro de nós, vamos imaginar a criança que há dentro de nossos pais e permitir que nossa curiosidade a convide à nossa presença. Seremos duas crianças da mesma idade, no máximo na puberdade, ávidas por falar uma com a outra.

O que estaremos fazendo é uma revelação mental. Estamos recorrendo à nossa capacidade natural de conexão com as experiências emocionais da infância de nossos pais. Nesse estado, podemos perguntar à criança que vive em nossos pais tudo o que quisermos saber sobre sua infância, e ela irá nos responder. Precisamos compreender de que maneira cada um deles adotou todas as suas piores características, de sua mãe e/ou de seu pai, que eles não tinham outra escolha senão adotar deles todos os padrões do amor negativo, e mais tarde passá-los a nós. Assim, deixaremos de condená-los, sentindo por eles uma profunda compreensão. E quando chegarmos a esse estágio, encontraremos um perdão compassivo por tudo o que fizeram a si mesmos e a nós.

A compaixão é um profundo pesar pela aflição ou sofrimento de outra pessoa, acompanhada por um forte desejo de aliviar a dor e remover a causa de seu sofrimento. É muito diferente da piedade que sentimos ao penetrar o infortúnio de alguém. Para ilustrar: uma pessoa cai num buraco e quebra a perna. A piedade seria pular no buraco com ela, talvez quebrando alguns ossos e partilhando de seu infortúnio. Compaixão seria atirar-lhe uma corda para ajudá-la a sair dali. Na verdade, passamos a vida sentindo piedade de nossos pais, partilhando de seu infortúnio. Somente quando sentirmos a própria condição de seres humanos poderemos atingir a real e profunda compaixão.

Esse trabalho é muito diferente daquele de liberar a raiva, pois aquele se concentra especificamente em nós e em nossa dor. Para realizar a tarefa de experienciar a vida de nossos pais, temos de sair de nós mesmos, colocar-nos de lado e concentrar-nos no outro. Os que têm se dedicado a cuidar dos outros, que foram programados para defendê-los e protegê-los, podem considerar esse trabalho mais tranqüilo e fácil, ou, ao contrário, talvez resistam a ele por temerem uma recaída nesses padrões. Por outro lado, aqueles que têm se concentrado em si mesmos poderão julgá-lo estranho e tolo, bem como verificar que todas as suas defesas se opõem a ele. Já as pessoas de intelecto forte e cético podem considerá-lo ridículo e impossível, ou talvez realizá-lo sem o mínimo esforço. Nunca se sabe.

Quer lutemos fervorosamente para isto, quer aconteça com facilidade, todos descobriremos que nossos pais sofreram da mesma forma que nós e, muito possivelmente, mais do que nós. O estranho acerca desse trabalho é que, se avaliarmos a exatidão da informação recebida, incluindo-se aí as partes surpreendentes, ou mesmo chocantes, descobriremos que a essência é verdadeira. A compreensão, a compaixão e o perdão são o único caminho para nos libertar da prisão do amor negativo e possibilitar-nos o verdadeiro cuidado por nossos pais, por nós mesmos, pelas nossas crianças e pelos outros, da maneira que sempre desejamos e até então não pudemos realizar.

Agora estamos prontos para passar por uma experiência revolucionária, uma profunda experiência emocional que nos conduzirá ao próximo nível da nossa jornada. Vivenciaremos no momento presente, numa visualização, a morte de nossos pais, quer estejam vivos ou já tenham falecido. Tudo o que sabemos com certeza é que todos vão morrer. E, na maioria dos casos, os pais vão morrer antes dos filhos. Se já são falecidos, é uma maravilha que estejamos fazendo esse trabalho interior e libertando sua alma da dívida que tiveram conosco e que tivemos com eles.

Ao considerarmos os nossos pais em face da morte, ficamos desejosos por corrigir e completar o nosso relacionamento com eles. Vemos a criancinha dentro de cada um deles buscando-nos, à procura de amor e de compreensão. Temos tantas coisas a lhes dizer, e é tão curto o tempo! Precisamos dizer-lhes que agora os compreendemos, como nunca o havíamos feito antes, e que já não os condenamos, nem a nós mesmos. Nós os perdoamos e sentimos por eles uma profunda compaixão. E, ouvindo essas palavras proferidas por nós, eles falam, de todo o coração, sobre o grande esforço que fizeram na tentativa de ser bons pais. E poderemos por fim ouvi-los de fato, assim como compreender e aceitar o que disserem.

Eles morrem em nossos braços. Sentimo-nos abertos a tudo o que eles nos deram e entendemos tudo o que não puderam dar. Que maravilha é ter feito as pazes com eles! Podemos perdoá-los completamente e dizer-lhes tudo o que não podíamos dizer antes, libertando sua alma dentro e fora de nós. Finalmente, poderemos dar-lhes nosso amor e nossa aceitação sinceros e incondicionais por quem de fato são. Agora podemos dar apenas por dar e já não precisamos dar para receber, tentando comprar o seu amor. Que bênção é isso!

Ao libertar sua alma, libertamos a nós mesmos. Já não há necessidade de nos apegarmos a eles na dor ou na raiva, na culpa ou na acusação. Agora que os libertamos para que sejam quem realmente são, estamos livres para ser quem somos. Já não precisamos seguir pela vida reagindo aos outros como se fossem nossos pais. Podemos libertar-nos da transferência e, finalmente, sentir os outros como de fato são.

A morte não é uma certeza apenas para nossos pais. Cedo ou tarde ela nos atingirá a todos. Imagine como será o nosso funeral se continuarmos a levar a vida no amor negativo. Imagine o que nosso cônjuge, nosso parceiro, filhos, irmãos, amigos e colaboradores, e até nossos pais diriam e fariam se pudessem remover a máscara da falsidade social e da negação. O que gostariam de nos dizer sobre o que fizemos em nossa vida e em nossos relacionamentos? Depois de imaginar esse funeral negativo, precisaremos fazer a nós mesmos uma pergunta: Queremos continuar no amor negativo e morrer cercados por tanta raiva, culpa, acusações e dívidas? Ou desejamos escolher outra vida, na qual possamos dar e receber amor, dar e receber vida, compreensão e compaixão?

A partir desse momento, estaremos preparados para nos comprometer interiormente com o modo como levaremos a nossa vida, primeiro com relação ao nosso próprio ser e depois na companhia daqueles que nos cercam. Caso nossos pais ainda vivam, teremos a oportunidade de desenvolver um relacionamento novo e diferente com eles, não baseado em nossa necessidade do seu amor, ou em nossa culpa, mas na doação livre de amor e compaixão.

A compaixão pelos pais e por nós mesmos é uma profunda realização, mas não passa do primeiro degrau da compaixão. Temos agora de aprender a estender nossa compaixão, que começou com nossos pais, a todas as pessoas do mundo. A coisa mais surpreendente na *Síndrome do Amor Negativo* é que todos são culpados, mas ninguém tem culpa. Isso se aplica não somente aos nossos pais, mas a todas as pessoas. Infelizmente, somos com freqüência cegos a essa realidade. Todos tiveram pai e mãe, e com eles aprenderam tudo. Eles não tiveram escolha alguma na vida, a não ser viver através disso e transmitir a mesma coisa aos filhos.

Quando percebermos essa verdade, poderemos mudar nossa vida e a maneira como vemos os outros. Poderemos modificar nossa concepção da humanidade. O caminho para o encontro de um real conexão é, antes de tudo, nos conectarmos com o próprio ser, em seguida com nossa mãe e nosso pai, depois com as pessoas à nossa volta — irmãos, cônjuges, parceiros, filhos, amigos, companheiros de trabalho — e por fim com todas as pessoas, de todas as partes do mundo, hoje e ao longo da história. Só assim poderemos estabelecer um profundo vínculo com a Inteligência Universal à qual chamamos Deus.

Quando levamos a termo essa tarefa monumental, sentimo-nos mais reais, conectados com o nosso próprio ser, com toda a humanidade e com a Divindade dentro e fora de nós. Sentimo-nos em paz e tomados pelo êxtase; encerramos a nossa negação da morte. Cada dia poderá ser o último de nossa vida, e poderemos vivê-lo de modo pleno porque a aceitação da morte é a chave para a porta da vida. Nossos passos ficam mais leves e nossas costas mais eretas. Sentimos aceitação e amor em relação a nós mesmos. Sentimo-nos abertos a dar e a receber. Essa é a inteireza que só se revela quando conhecemos o "outro lado".

Capítulo 7

Encerrando a batalha interior

Desconectamo-nos de nossos pais negativos internalizados. Descobrimos a compreensão, o perdão, a compaixão e o amor por nossos pais. Mas a batalha interior continua a ser travada. Como resultado do trabalho que fizemos, talvez possamos até ouvir as vozes da criança e do intelecto com mais clareza. Agora, estamos prontos a olhar para dentro, para os nossos quatro aspectos, e a lidar com a maneira pela qual mantemos todos esses padrões negativos.

Estamos em guerra com o próprio ser. A criança não concorda com o intelecto, nem este com ela. Eles se sabotam continuamente para alcançar a primazia. Cada um deles tem sob o seu comando um exército de padrões do amor negativo. Eles se queixam um do outro, culpam-se mutuamente e envergonham um ao outro, terminando por se sentirem sozinhos e solitários, sem ninguém em quem confiar ou depender.

Por exemplo: vemos alguém a quem amamos e ficamos com vontade de dar-lhe um grande abraço e um beijo. Mas nosso intelecto diz: "O que todas as pessoas ao redor vão pensar?", ou "Se o fizermos, vamos embaraçá-lo e ele ficará irritado conosco". A partir desse ponto, mesmo que sigamos em frente e o abracemos e beijemos, já não será a mesma coisa. Sentimos a autocrítica, o temor e a cautela. Outro exemplo: temos uma importante apresentação a fazer no trabalho, e nosso intelecto está bem preparado e satisfeito com o nosso desempenho. Porém, quando começamos a falar, o temor da crítica e da rejeição, que aflige nossa criança interior, manifesta-se no suor de nossas mãos e em nossa voz trêmula. Sentimo-nos divididos e descontrolados: o chão falta sob os nossos pés.

Por vezes, há uma trégua e a criança e o intelecto cooperam um com o outro. É isso o que sempre acontece no caso dos vícios. Por exemplo: você sabe que tende a abusar do álcool, mas a criança interior quer um dia beber para relaxar e aproveitar a folga, pois afinal é domingo. O intelecto concorda e você toma um drinque, mais um e outro mais, até ficar embriagado novamente. No dia seguinte, o intelecto tende a fugir de toda a responsabilidade, culpando a criança por ter tido a idéia, enquanto a criança culpa o intelecto por não tê-la feito parar. E o corpo sofre as conseqüências da ressaca e de outros danos causados ao nosso fígado.

A guerra entre a criança e o intelecto é travada em nosso corpo: ele é o campo de batalha e paga incessantemente o preço disso. Seus padrões, aqueles que nosso corpo aprendeu diretamente de nossos pais, contribuem para a guerra: a tensão, as pressões, o nervosismo, a exaustão, o mal-estar, desordens alimentares como anorexia e bulimia; vícios como fumar, beber, usar drogas, tomar muitos remédios, roer as unhas, franzir o cenho ou dar falsos sorrisos; aberrações sexuais, vergonha, etc. Nosso corpo se exaure nessa guerra.

Outro resultado dessa luta é que o nosso ser espiritual parece inexistir, como que soterrado por toda essa negatividade. Não há espaço para ele no campo de batalha; e mesmo que aparecesse por lá, seria varrido pela lógica, pelo medo ou negação. Em algum momento, quando a batalha tiver cessado, poderemos, por vezes, ter a experiência de nosso ser espiritual e nos maravilharmos na paz que ele nos traz. Para quase todos, isso é tão incomum e tão especial que somos capazes de nos lembrar de um momento como esse por um ano ou mais. Mas não sabemos como viver nesse espaço pleno de paz, ou mesmo como retornar a ele.

Muitos dos que fizeram o trabalho com a criança interior aprenderam a cuidar, como verdadeiros pais, de sua criança ferida. Podemos ouvi-la e conferir validade aos seus sentimentos. Comunicamos a ela o desejo de estar sempre à sua disposição, o que nossos pais nunca puderam fazer. Estamos prontos a defendê-la e a cuidar dela. O trabalho consciente é recompensador, pois traz alívio à solidão. Mas, na verdade, nosso ser emocional está cansado de ser uma criança ferida; deseja amadurecer e assumir seu lugar de direito junto de nosso intelecto, na qualidade de parceiro igual. Por sua vez, nosso intelecto está cansado de ter que estar no controle e tomar decisões; também deseja ser ouvido e entendido; deseja um companheiro de quem possa aprender e com o qual possa partilhar a responsabilidade e o prazer.

Da mesma maneira como expulsamos a raiva que sentimos de nossos pais, temos agora de reconhecer e expressar todos os pensamentos e sentimentos que o nosso intelecto e a nossa criança têm um em relação ao outro e acerca do ser espiritual e do corpo. É preciso um lugar em que tudo seja expresso e ouvido.

Nosso intelecto tem sido obrigado a entender o sentido de tudo, inclusive dos sentimentos. Tanta programação sem sentido aconteceu antes de ele estar ativo, e mesmo assim tem de tentar compreender e explicar. Causa algum espanto que ele seja defensivo e desajeitado? Nossa criança emocional nunca o ajudou muito a desvelar o mistério de sermos da maneira como parecemos ser. Sim, nosso intelecto tem muitas queixas de nossa criança. Neste momento, ele precisa identificá-las a fim de poder verbalizá-las.

Quais as queixas que o intelecto tem em relação à criança emocional interior? Ela é muito carente, exigente e dependente, mas não ouve, ignora e evita as coisas das quais não quer tratar? Ela foge, age como se fosse estúpida, confusa, distraída, desligada? Invoca o drama, age como vítima ou mártir, tem explosões? Ou é submissa por fora e resistente por dentro, fazendo-se de boazinha para comprar amor quando, na verdade, está ressentida? Ela se cala e passa a ser um zumbi? É raivosa, teimosa e rebelde? É deprimida? Ela exprime todos os seus sentimentos? Ou apenas os "bons", reprimindo os "ruins", de modo que nunca se sabe o que lhe está acontecendo? Ela mente, direta ou indiretamente? Como nos manipula e engana? É dominada pelo medo e pela dúvida com relação a si mesma, resistente à mudança e à evolução? Como carrega seus rancores, como uma medalha de honra, ou como algo a ser mantido em segredo? Ela faz as vezes de um palhaço, sempre procurando divertir as pessoas, mesmo ao preço da ridicularização e autodestruição?

Ela atrai atenção negativa por suas incapacidades evidentes? Será que nós, enquanto intelecto, sempre temos de livrá-la de problemas e encobrir suas inadequações? É ciumenta? É derrotista, que sempre diz "eu não posso" ou "isso é muito difícil"? Qual é a sua capacidade de sedução? De que maneira a nossa criança nos seduz? Ela sempre se desculpa? De que maneira ela nos culpa e nos envergonha? O que faz para ser rejeitada por nós, ou para que sejamos rejeitados pelos outros?

Mas, na verdade, nossa criança emocional tem sofrido há mais tempo que nosso intelecto; já estava lutando para sobreviver anos antes de este estar ativo e assumir o comando. Raras foram as vezes em que de fato foi ouvida por alguém, incluindo-se aí o próprio intelecto. Nossa criança tem muitos ressentimentos que precisam ser identificados.

Quais as queixas específicas que nossa criança tem do nosso intelecto? Ele é tão controlador e invalidador! Como ele reprime os nossos sentimentos? Nega a existência de nossa criança, ou a encara apenas como um transtorno? É crítico, rígido, severo e distante? É super-responsável ou irresponsável, ou oscila entre essas duas atitudes? Ele se deixa levar pelo pensamento mágico, esperando que a solução desejada simplesmente apareça? Sente-se superior e se põe acima de tudo, ou é inferior e desajeitado? Como ele justifica e racionaliza o modo como nos trata? Ele de fato ouve as nossas necessidades e nos ajuda, gentil mas firmemente, a compreendê-las e a preenchê-las adequadamente?

Nossa criança não podia fazer outra coisa quando adotou todos esses padrões; e o nosso intelecto nos deixou operar com eles e depois nos culpou. É claro que na realização da vingança por termos sido rejeitados tivemos que abandonar nosso intelecto.

Quão sedutor é o nosso intelecto? De que maneira nos seduz? Que papel desempenha em nossos vícios? De que maneira conspira conosco e depois nos dá as costas, repudiando toda a responsabilidade e culpa, envergonhando-nos? De que maneira ele nos faz sentir como se nada merecêssemos, como se fôssemos indignos? Como age o nosso intelecto, como se fosse o nosso ser espiritual, parecendo tão elevado e poderoso, tão correto, com todas as palavras certas? De fato acredita que sempre sabe mais, e nega a realidade, a ponto de tornar positivo o que é negativo? Como age o nosso intelecto para ser rejeitado por nós e para que sejamos rejeitados pelos outros?

Nossa criança emocional e o nosso intelecto têm passado pela vida tão repletos de queixas que não há lugar para mais nada. Não podemos assimilar tudo e, mesmo que tentemos, não vamos consegui-lo. Temos que nos esvaziar. Todas essas queixas precisam ser verbalizadas em voz alta, de maneira detalhada. Na verdade, é preciso expressá-las, gritá-las com energia e determinação para que finalmente possam ser ouvidas. Isso pode ser feito numa visualização dirigida sob supervisão, para que se tenha o apoio necessário na realização dessa importante tarefa. Primeiro um, depois o outro; cada um diz tudo o que há para dizer. Enquanto um fala, o outro não pode deixar de escutar.

Esse trabalho é uma autovalidação, uma limpeza que prepara o caminho para o equilíbrio. Precisamos ir de um lado para outro — ora criança, ora intelecto — dizendo tudo o que está dentro de nós, até que saibamos que continuar imputando culpas — a nós mesmos, ou a quem quer que seja — significa estar paralisado e separado. Tudo tem dois lados. Fazendo esse trabalho de expressão, nosso intelecto vai aprender com a nossa criança, e esta com ele. Depois disso, estaremos alcançando a compreensão da experiência dos outros, da perspectiva deles. Percebemos que não é culpa nossa; não podemos culpar o outro nem a nós mesmos.

Precisamos perdoar-nos mutuamente pelas muitas coisas erradas que fizemos e encontrar a compaixão. Se a nossa criança interior e o nosso intelecto puderam fazer isso por nossos pais, certamente poderão fazê-lo um pelo outro, pois o nosso passado é, em grande parte, produto da nossa programação. Cada um de nós padeceu sob a mesma carga de amor negativo. Não é culpa nossa, nem de nossos pais, nem sequer dos pais deles. Ninguém tem culpa!

Precisamos pôr um fim à batalha e fazer um pacto, um acordo para trabalhar juntos e cuidar um do outro. Se não o fizermos, se não encontrarmos um meio de viver em harmonia, nunca encontraremos a paz e o amor dentro de nós.

Nesse pacto, enquanto intelecto, concordamos em escutar e aceitar nossos sentimentos, sem negar nem suprimir nenhum deles, ou invalidar nossa criança por vivê-los. Concordamos em ser pacientes com a nossa criança interior e apontar amorosamente os seus padrões, explicando-lhe as coisas de maneira simples e clara até que ela possa entendê-las.

Concordamos em apoiá-la, ajudá-la e dar-lhe direção, para que possamos crescer e aprender juntos; concordamos em envolvê-la nas decisões que nos beneficiam. E quando essa criança crescer e tornar-se um adulto emocional positivo, sem abandonar suas maravilhosas qualidades infantis — a alegria, a espontaneidade e o riso —, nosso intelecto e nosso aspecto emocional poderão tornar-se parceiros iguais.

Neste pacto, enquanto criança, concordamos em ouvir o nosso intelecto e cooperar com ele, bem como parar de manipulá-lo e controlá-lo. Concordamos em expressar todos os nossos sentimentos e necessidades, e parar de esconder quaisquer sentimentos "negativos". Concordamos em respeitar as idéias do nosso intelecto, tal como este concorda em respeitar os nossos sentimentos, e participar de decisões que beneficiem todo o nosso ser. Concordamos em ouvi-lo quando ele nos revelar os nossos padrões. Reconheceremos que o nosso intelecto é competente e inteligente, e passaremos a confiar nele, para que possamos aprender e crescer.

Nossa criança positiva e nosso intelecto reeducado, juntos, enquanto parceiros, precisam chegar a um acordo quanto ao nosso corpo. Concordam em ouvir suas necessidades e cuidar dele com respeito e reverência, evitando causar-lhe qualquer desgaste adicional. Identificaremos seus padrões e o libertaremos deles. Concordamos em desfrutar da sensualidade e do movimento do nosso corpo no espaço, mas sem abusar dele. Concordamos em nutri-lo com alimentos e bebidas saudáveis e proporcionar-lhe o descanso e a recreação necessários.

Agora podemos ter a experiência da nossa essência espiritual como um aspecto verdadeiro do nosso ser, e não como uma ilusão. Abrimos espaço em nossa vida para que esse importante aspecto possa florescer e crescer. Podemos, enfim, ouvir as mensagens que ele tem para nós. Nosso ser espiritual já não é apenas um momento fugidio de iluminação e de paz (tudo ou nada). Agora podemos ter equilíbrio: não o negamos nem somos fanáticos em relação a ele. Finalmente, podemos aceitar essa essência como uma parte vital do nosso ser, que não é mais especial nem mais importante que os outros aspectos, mas que tem a sua própria função peculiar: conectar-nos com o universo.

Fazendo esse trabalho vivencial, adquirimos paz, compreensão e aceitação de nós mesmos. Criamos espaço para que o nosso ser espiritual se expresse e manifeste o seu amor. A solidão desapareceu, e agora nos sentimos amados e amorosos. Sentimos o relaxamento e a plenitude de nosso corpo. Experimentamos a quietude de nossa mente. Sentimos a harmonia entre os nossos quatro aspectos. Experimentamos uma sensação de compromisso com o nosso ser, a nossa integração e a nossa paz. Ouvimos o silêncio, o surpreendente e abençoado silêncio.

Capítulo 8

Libertando-nos da culpa

No amor negativo, a nossa necessidade básica é o amor. Adotamos todas as características de nossos pais, numa tentativa de comprar o seu amor, e terminamos por nos sentir indignos de ser amados. Logo, conseguimos o oposto daquilo por que lutamos: desejamos o amor e acabamos nos sentindo indignos dele. Na realidade, no amor negativo, construímos tudo de maneira a sermos rejeitados. Odiamos ser rejeitados porque isso nos fere e procuramos, então, um responsável por essa ferida culpando a nós mesmos, ou a outra pessoa, e aí tentamos nos vingar: o amor negativo sempre está ligado à vingança.

O amor negativo constrói uma ponte que liga nosso passado ao nosso futuro, mas essa ponte distancia-nos do presente, de maneira que não podemos vivê-lo nem experimentá-lo. Podemos apenas considerá-lo, observá-lo e, quem sabe, tocar-lhe a superfície. Na verdade, o presente é a única dimensão em que a vida existe de fato. Não nos é dado viver no passado nem no futuro. Mas no amor negativo são estas as nossas únicas escolhas evidentes.

Antes de fazer o trabalho até aqui descrito, os nossos sentimentos estão bloqueados. Nós os reprimimos na infância, a fim de refrear a raiva. O canal de expressão emocional é um só, portanto, quando reprimimos um sentimento, na verdade estamos também reprimindo muitos outros. A maioria de nós sentiu raiva, mas não pôde exprimi-la. O mesmo ocorreu com a expressão do amor. Nosso canal de sentimentos está obstruído pelo medo, pela dor, pela culpa, pela vergonha, pela raiva e pelo desejo de vingança. Fazendo o trabalho descrito neste livro, podemos exprimir e expulsar muitos desses sentimentos reprimidos, limpando uma parte deste canal, permitindo que nossos sentimentos fluam com mais liberdade.

Mas ainda não realizamos tudo o que é necessário para abrir o canal emocional, isto é, para que possamos viver o momento, livres para experimentar e expressar nossos verdadeiros sentimentos (e não os programados), sem julgamentos; para estar livres no momento seguinte e vivenciar o que de fato existe. Isto é positividade, o que não significa apegar-se aos sentimentos, examiná-los, potencializá-los ou reduzi-los, tentando alterar o passado, desejando ter feito ou dito algo diferente do que realmente fizemos e dissemos. O tempo nunca retorna. Por mais que nos esforcemos, não podemos fazê-lo voltar, assim como jamais poderemos voltar à infância e transformá-la no que gostaríamos que fosse.

Há duas modalidades de apego a esses sentimentos negativos que existem dentro de nós, de continuar "armando" para sermos rejeitados, lançando a culpa sobre nós mesmos e os outros. Em primeiro lugar, podemos determinar que há coisas na vida que simplesmente não podemos mudar, que fomos prejudicados de modo demasiado grave para ter condições de corrigir o curso de nossa vida. Assim, apegamo-nos a essa negatividade, usando-a como uma marca, ainda que sutil, da nossa vitimização. Esse processo pode ser inteiramente inconsciente, mas nossos pais, vivos ou mortos, e o mundo podem ver, a partir da nossa vida atual, o quanto fomos prejudicados na infância. Ou, ao contrário, criamos uma fantasia sobre quão perfeita a nossa vida será quando tivermos feito esse trabalho: tudo será maravilhoso, cheio de felicidade e luz, todos vão nos amar, e nós amaremos a todos, realizando tudo o que desejarmos. Estabelecendo expectativas irreais, garantimos a nossa frustração e encontramos justificativa para nos voltarmos contra todos e culpá-los. Essas duas formas são fontes de vingança.

O desejo de se vingar floresce sobre a rocha da auto-justiça, resulta de uma injustiça, imaginada ou real, que nos faz sentir que a imputação de culpa é justificada, aprisionando-nos ao passado e permitindo que este determine o nosso futuro. Queremos descontar em alguém; desejamos provar que as pessoas estavam erradas, e nós certos; queremos "acertar as contas". Observe esta expressão coloquial: "acertar as contas". Queremos chegar ao nível das pessoas e fazer como elas. Acalentamos a falsa crença de que a vida tem de ser justa, e ela não é. Nossa necessidade de vingança nos mantém prisioneiros da injustiça, que termina por dirigir nossa vida. Ela nos mantém como vítimas impotentes, ao mesmo tempo que nos dá a ilusão de poder.

Com freqüência, quem quer que tenha cometido injustiça, real ou imaginária, nem se deu conta disso, ou já a esqueceu, e seguiu com a própria vida. Devemos examinar nossa vida e determinar até que ponto desejamos vingar-nos de nós mesmos. De que maneira fazemos tudo para nos sentirmos rejeitados, para nos culparmos, para nos vingarmos de nós mesmos e justificamos tudo isso posteriormente? Até que ponto odiamos os nossos pensamentos, sentimentos e ações? Odiamos também o nosso corpo? Quantas vezes pensamos que seria melhor se nunca tivéssemos nascido ou se morrêssemos? Até que ponto agimos de maneira autodestrutiva? Quais são os nossos vícios? Quantas vezes pensamos em suicídio ou tentamos nos suicidar, direta ou indiretamente?

Somos vingativos em relação aos outros? De que maneira os rejeitamos de modo a ser por eles rejeitados, para depois culpá-los e nos vingarmos deles? Agimos de maneira crítica, abusiva, violenta, ou com distanciamento e retração? Como fazemos isso aos nossos pais, cônjuge ou namorado, filhos, irmão, amigos, autoridades, colaboradores, conhecidos? Executamos a nossa vingança? Ou nos limitamos a pensar nela e nada fazemos, esperando que o universo venha corrigir sozinho o que está errado, e sentindo-nos ainda mais corretos por não termos sujado as mãos?

No amor negativo, precisamos descobrir de quem, em última instância, estamos nos queixando, o responsável por tudo isso, a quem secretamente culpamos, eximindo-nos de toda responsabilidade. A quem dirigimos a exclamação "Não é justo!"? Quem determinou o encontro de nossos ancestrais até culminar em nosso nascimento? Diante de quem freqüentemente nos sentimos indignos, e a quem pedimos ajuda? Em que Deus acreditamos? Negamos a sua existência? Que imagem temos d'Ele? Um velho com uma longa barba branca que nos observa o tempo todo, procurando erros e nos culpando, exatamente como um pai? Rezamos apenas por medo, por culpa, ou quando queremos alguma coisa? Quão distantes de Deus já nos sentimos?

Seja qual for a nossa religião, que tipo de relacionamento temos com Deus, em conseqüência da síndrome do amor negativo? Todos os nossos programas do amor negativo são barreiras à divindade que vive dentro e em torno de nós. Deus está além do nosso alcance intelectual e lógico, e ainda assim nós O culpamos. Conceituamos Deus como se fosse outra pessoa, mas Deus está além do que podemos conceber. Não nos é possível encontrar palavras para conter a essência do amor, da compaixão ou de Deus, por mais que nos esforcemos.

Algumas pessoas dedicam a vida à espiritualidade, mas não podem sentir Deus dentro de si. E esta é a razão por que se sentem frustradas. Rezamos durante horas todos os dias, mas ignoramos os necessitados ou maltratamos nossa família. Condenamos e rejeitamos pessoas que abordam a espiritualidade de uma maneira distinta da nossa. Alguns encontram um mestre espiritual e o idolatram. Desenvolvemos uma prática espiritual, mas permanecemos desconectados do Deus que habita em nós e nos outros. Ou então, negamo-lo completamente, e não temos nenhum sentimento pela vida, considerando-a tediosa e sem sentido.

Se de fato quisermos abrir o canal para a riqueza de nossos verdadeiros sentimentos e para viver a vida em sua plenitude, teremos de exprimir todos os nossos sentimentos vingativos, todo o ressentimento e culpa, todos os rancores que alimentamos desde a infância. Ao fazê-lo, quebramos seu domínio sobre a nossa vida. O sentimento vingativo inexpresso é mais prejudicial, porque vive para sempre na nossa mente. Sua expressão pode ser conseguida numa visualização dirigida, que deve ser feita com apoio e orientação. Precisamos exprimir um a um todos os sentimentos e pensamentos de vingança que temos tido contra nossos pais, nós mesmos e Deus. Esse é um trabalho sagrado de purificação, porque, na verdade, liberta-nos da culpa, da única maneira possível: expulsando-a de nós.

Terminado esse trabalho, podemos reconhecer que nossos pais não tiveram culpa. Podemos então vivenciar uma forma ainda mais profunda de compaixão por eles, perdoando-os por tudo que fizeram contra nós a partir do amor negativo. E pedimos que nos perdoem por todos os sentimentos vingativos que temos tido em relação a eles. Podemos aceitá-los e amá-los tais como são.

Essa é a primeira vez que temos um real contato com o que essencialmente somos; perdoamo-nos por tudo o que pensamos e fizemos, por todos os sentimentos vingativos em relação a nós mesmos. Encontramo-nos num estado de profundo amor e paz.

Podemos, finalmente, passar por uma verdadeira experiência de Deus, sem as barreiras do amor negativo. Reconhecemos Deus dentro e fora de nós, reconhecemo-lo em cada pessoa que vemos e também no universo. Sabemos que Ele nunca nos rejeitou, que fomos nós quem lhe demos as costas e o rejeitamos. Quando formos à presença de Deus, sempre encontraremos o alimento, o júbilo, a paz, a força e o amor.

A partir de agora, resta-nos somente uma escolha libertadora: renunciar à atribuição de culpas e assumir a responsabilidade pela própria vida. Culpar é uma atitude que nos prendia ao passado e mantinha-nos no papel de vítimas, o que sempre envolve a relutância em assumir responsabilidades. Nossa programação de hiper-responsabilidade ou irresponsabilidade se interpôs no caminho da verdadeira responsabilidade. No amor negativo, só podíamos reagir a partir de um padrão inconsciente, compulsivo e automático: éramos prisioneiros da nossa programação.

Mediante esse trabalho, recuperamos a capacidade de responder em lugar de reagir. A partir desse ponto, podemos perceber a vasta gama de possibilidades que está à nossa escolha. Já não somos vítimas, podemos fazer qualquer coisa que quisermos, quer isto dê certo ou não. E já não temos que culpar ninguém, nem sequer a nós mesmos. Com efeito, *a responsabilidade é a chave da nossa liberdade*.

Sentimo-nos em paz e jubilosos, e encaramos o mundo de outra maneira. Estamos no momento presente, e isto é glorioso.

Capítulo 9

Subjugando o nosso lado escuro

Há uma parte em nós que torna difícil a tomada das decisões que julgamos corretas em nossa vida. Reconhecemos o poder das características compulsivas de assumir o controle e nos induzir ao comportamento mecânico e inconsciente.

Estas características negativas não vêm sozinhas, uma de cada vez; mas acontecem em conjunto, e podemos passar de um padrão a outro em rápida sucessão. Estes padrões criam círculos viciosos de negatividade que, com freqüência, dirigem a nossa vida.

No círculo vicioso descrito a seguir, começamos por nos sentir impotentes, passamos por uma atitude de submissão e chegamos à desistência e à depressão em poucos minutos. Desta maneira, ficamos presos a um redemoinho de depressão e culpa que pode durar vários dias. Por fim, passamos a culpar aos outros, até que a raiva e a irritação se manifestem, o que geralmente nos dá uma sensação de poder. E voltamos a nos sentir culpados e impotentes, e recomeçamos tudo outra vez.

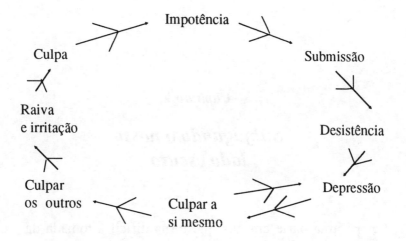

Um círculo vicioso tem em si muita energia. Com efeito, tem vida própria, e é comum nos sentirmos incapazes de interrompê-lo. Cada um de nós tem o seu grupo específico de círculos viciosos, e cada círculo se interconecta com inúmeros outros, criando poderosas teias de negatividade. Este emaranhado de círculos dispõe de uma tremenda energia magnética capaz de nos atrair para o seu interior. Sabemos que isso é verdade, pois já compartilhamos desse sentimento. — O todo passa então a ser maior do que a soma de suas partes. — Denominamos de *lado escuro da mente* essa totalidade de padrões advindos do amor negativo.

Temos a melhor das intenções, sabemos o que é melhor para nós, isto é, o que nos pode servir de alimento e apoio. Porém, muitas vezes em que decidimos pôr isso em prática, fazemos algo totalmente diferente; e depois nos perguntamos: "Por que fiz isso?" Às vezes temos a impressão de ser duas pessoas. Uma delas, aberta, curiosa, disposta a aprender e evoluir, informada, cuidadosa e generosa; e a outra, aquela que sempre sabota os nossos melhores esforços, lançando mão de justificativas, argumentos, julgamentos e "mentiras racionais", para rejeitar a nossa melhor parte, bem como afastar as pessoas que queiram aproximar-se de nós ou que se importem conosco em demasia. Há ocasiões em que temos plena consciência de que aquilo que desejamos fazer é absolutamente errado, e mesmo assim prosseguimos e o fazemos!

Quantos de nós já pensaram que há um monstro dentro de nós, que pouco se importa com o nosso bem-estar e cuja única intenção é assegurar a própria sobrevivência? Esta parte existe em todos nós. Trata-se da personificação de todos os nossos padrões do amor negativo interagindo e nos controlando de maneira automática e compulsiva. Sob o seu comando programado, o nosso lado escuro transforma-nos em robôs.

O lado escuro do nosso ser nos tem controlado por toda a vida, com mensagens sussurradas em nossa mente; mensagens que se tornam audíveis quando nos encontramos mais vulneráveis: "Não adianta fazer nada, pois nada vai mudar", "Você é incompetente", "Você não precisa de ninguém", "Você é ruim", "A vida é luta", "Você não tem jeito mesmo", "Você não merece amor, dinheiro, sucesso", "Você é estúpido", "Você vai fracassar", "Trabalhe como louco", "O dinheiro é a chave da felicidade", "As mulheres são fracas", "Isso não pode durar", "Você é feio", "Os homens são perigosos", "O sexo não tem importância, ou é só o que importa", "Os negros não merecem confiança", O que interessa é a diversão", "O fim justifica os meios", etc.

Muitos de nossos traumas foram criados por nosso lado escuro: as perdas e agressões que suportamos, os relacionamentos que destruímos, a dor que infligimos aos outros e os atos autodestrutivos que praticamos. Quando, por exemplo, bebemos demais e insistimos em dirigir. No caso de um acidente: "os freios falharam", "havia uma poça de óleo", "o trânsito é perigoso"..., "mas os nossos reflexos estavam perfeitos", ou "podia acontecer a qualquer um". Ou quando a pessoa amada elogia alguém entusiasticamente e ficamos enciumados; e brigamos, mesmo sabendo que não devíamos fazê-lo. Mais tarde, pensamos em pedir desculpas por agir tão infantilmente, mas não o fazemos. Em vez disso, o nosso lado escuro racionaliza as coisas, fazendo-nos acreditar que, diante do que dissemos, a pessoa amada terá mais cuidado da próxima vez em que der atenção aos outros. Ou quando estamos empenhados em controlar um vício — cigarro, álcool ou outras drogas — e o nosso lado escuro nos oferece argumentos e justificativas que nos desviam do nosso propósito — só um cigarro porque estou nervoso; aquele *drink* para relaxar e estar com os amigos; a dieta que só começa segunda-feira, etc. Ou quando gritamos como loucos com as crianças, ameaçando-as porque fazem muito barulho, mas justificamos os nossos atos porque "elas precisam aprender".

Todos viemos de um sistema familiar, e muitos de nossos padrões nos foram transmitidos pelo lado escuro de nossos pais. O lado escuro, que deseja estar sempre no comando, contém um sistema de crenças que limita a nossa vida. Ele inclui os valores que nos levam a ver os outros como superiores ou inferiores a nós, mas nunca iguais; os preconceitos que nos fazem julgar as pessoas como ruins por terem uma certa nacionalidade, herança étnica ou cor, por terem uma dada preferência sexual ou religiosa, por serem ricas ou pobres, etc.

A sociedade é um macrossistema familiar, que reflete e amplia o nosso lado escuro. Cada qual se posiciona no mundo a partir de seu conjunto individual de padrões do amor negativo, o próprio lado escuro, buscando e desenvolvendo o seu sistema familiar na sociedade.

Observe o nosso mundo. A competição está em toda parte: irmãos disputando entre si, roubando, manipulando, mentindo, cada um sentindo-se superior ao outro, ignorando-se mutuamente. Não há igualdade. Alguns têm demais e outros carecem de tudo. Muitos não têm onde morar ou o que comer. Reconhecemos toda essa injustiça, mas achamos que a responsabilidade não nos cabe, que isto é atribuição dos políticos e governantes, nos quais possivelmente votamos, e que se eles nada fazem, não é nossa culpa. Na verdade, tudo não passa de justificativa do nosso lado escuro para que possamos "lavar as mãos".

Culpamos os outros; os pobres culpam aos ricos e estes aos pobres, e ninguém assume qualquer responsabilidade. Nossos preconceitos são institucionalizados. As guerras sempre estão presentes. Combatemos por causa de diferenças religiosas: qual é o Deus que existe, ou qual é o melhor. As posses materiais, o dinheiro, a posição, o prestígio, o poder, tudo nos faz pisar uns nos outros; vivemos com medo de perder o que temos, ou temendo as pessoas que têm mais do que nós. Destruímos o ambiente, sustentáculo da nossa vida, derrubando florestas, poluindo o solo, o ar e os oceanos, reduzindo a própria qualidade de vida. Perdemos nosso idealismo e nossa esperança de um mundo melhor. Eis o lado escuro coletivo. O que temos dentro de nós é o que levamos para o mundo.

Nosso lado escuro se desenvolve ainda mais quando o lado luminoso positivo está desatento ou inconsciente. Quando o nosso lado positivo abdica de sua responsabilidade, o lado escuro assume o controle de nossa vida. Tornamo-nos vítimas de nossa programação. Nosso lado positivo luminoso tem de tomar consciência e ficar alerta; tem de identificar os padrões específicos que o lado escuro emprega a cada momento para nos controlar, e usar o nosso livre-arbítrio para subjugar este último, a fim de evitar a sua vitória; pois, quando o lado escuro vence, nós perdemos. Se não o subjugarmos e controlarmos, não poderemos trazer ao mundo o nosso lado de luz.

Assim como não somos os nossos traços de amor negativo, o lado escuro é um parasita que vive às nossas custas. Ele se alimenta de nosso intelecto, usando-o para exercer seus padrões. É a parte que deseja aprisionar-nos aos vícios e submeter-nos a comportamentos, estados de espírito e atitudes automáticas. O lado escuro conhece apenas a compulsividade, e só se importa com a própria sobrevivência. Sempre que agimos segundo um padrão compulsivo, o lado escuro está no comando, e estamos lhe dando energia. Quanto maior a duração destes padrões, tanto maior a força por ele adquirida.

Podemos visualizar o nosso lado escuro como um monstro. Alguns de nós já o viram em seus piores pesadelos. Podemos imaginar que ele esteja escondendo a sua monstruosa e feia cabeça por trás de nosso intelecto positivo. Assim como, às vezes, sentimos haver duas pessoas em nós, também o nosso intelecto pode ser visto como tendo duas cabeças, permanentemente em guerra: é o conflito entre a compulsividade e o livre-arbítrio, para o qual não pode haver trégua. O lado escuro não pode ser reeducado e, portanto, não pode haver conciliação; apenas um poderá prevalecer: a consciência ou a inconsciência!

Não podemos matar o nosso lado escuro, pois ele nunca morre. Por isso, não devemos alimentar essa ilusão. Podemos, no máximo, minimizá-lo, desligando-nos dos padrões do amor negativo e transformando-os em alternativas positivas. Mas como nunca seremos perfeitos, ele jamais desaparecerá, se bem que por vezes pareça invisível. Precisamos ter consciência dele todo o tempo e aprender a subjugá-lo e a controlá-lo, para que ele não venha a nos controlar.

Imaginemo-nos num quarto escuro: sentimo-nos perdidos até que encontremos o interruptor e, ao acendermos a lâmpada, a escuridão transforma-se em luz. Bastaria uma vela para dissipá-la, visto que a escuridão deixa de existir onde há luz. Da mesma forma, o poder da luz em nós e além de nós é sempre maior que a força do nosso lado escuro. Mas é preciso optar por reconhecer essa luz que em nós habita e conclamá-la a se manifestar.

A primeira coisa a fazer é identificar a maneira pela qual nossa vida tem sido dirigida por nosso lado escuro e por sua malignidade compulsiva; observá-lo e vivenciá-lo tal como ele de fato é e perceber as suas mensagens programadas. Basta lembrarmo-nos de como nos sentimos e fazemos os outros se sentirem quando o nosso lado escuro está no controle. É necessário assumirmos o compromisso de enfrentá-lo, e encontrar um meio de subjugá-lo e controlá-lo toda vez que reaparecer. Esse trabalho proporcionará força ao nosso intelecto, libertando a nossa criança emocional, o nosso ser espiritual e o nosso corpo, para que possam viver a partir da nossa positividade. Isto nos trará uma maior clareza, e nos sentiremos plenos de força e confiança.

Quando aprendemos a controlar o nosso lado escuro, passamos a viver com maior consciência; nossos relacionamentos se transformam, pois sabemos quem somos e qual a nossa verdade. Assumimos a responsabilidade por nossa vida e pelas ações que praticamos. Conhecemos a importância da compreensão e do perdão, a começar por nós mesmos. Passamos a nos relacionar com os outros com amor e compaixão. Tomamos decisões que alimentam a nós e às outras pessoas. Tomamos contato com o melhor de nós mesmos e de todas as pessoas do mundo. Subjugamos o nosso lado escuro e, agora, podemos vislumbrar a possibilidade de um novo mundo, luminoso e feliz.

Capítulo 10

Resgatando a alegria

Não é fácil ser positivo. Nossos pais, com a melhor das intenções, atentavam muito mais para o que julgavam errado em nós, preocupados em nos corrigir, do que para aquilo que estava bem e não precisava ser modificado. Portanto, infelizmente, nossos aspectos positivos foram pouco valorizados. Assim, da concepção à puberdade, aprendemos a ver, a nós mesmos e à vida, a partir de uma ótica negativa. Não aprendemos a valorizar as coisas maravilhosas que existem em nós. Crescemos com uma visão negativa de nós mesmos, das outras pessoas e do mundo. Em quase todas as situações, podemos perceber os elementos negativos quase imediatamente: fomos treinados para ser assim. Há, na maioria de nós, um analisador negativo interior que avalia a nós mesmos, à situação e às outras pessoas. Este mecanismo capta instantaneamente as coisas negativas e as examina e, ao fazê-lo, as expande, passando sucessivamente por todas elas, até que tenha dado destaque a cada uma. Neste processo, deixamos de lado tudo o que há de positivo, como se isso não fosse importante.

Quando pensamos em coisas negativas, podemos passar muito tempo e gastar muita energia descrevendo todos os detalhes e examinando os eventos de todas as perspectivas possíveis. Falamos do que sentimos, do que os outros sentem, do que cada qual pensa e pretende, das possíveis maneiras de modificar a situação, das coisas que fizemos no passado e que não funcionaram, etc. Temos grande paciência com o negativo e podemos entrar na negatividade instalada em nosso interior quando estamos sozinhos, quando em contato com os amigos e até nos contatos casuais. A negatividade é aceitável. As notícias dos jornais, das revistas e da televisão têm por foco principal os acontecimentos negativos do mundo. Além disso, descrevem tudo com muitos detalhes verbais, gráficos e visuais, imprimindo o negativo de forma indelével em nossa mente. Na nossa vida diária, é constante a presença das admoestações: "A vida é dura", "o mundo é perigoso", "é impossível mudar".

Pense nas situações em que somos elogiados: alguém nos diz que hoje estamos bonitos, que há em nosso olhar um brilho especial; ou que o projeto que concluímos é fabuloso, refletindo nossa criatividade e dedicação. Diante disso, ficamos pouco à vontade, envergonhados, e até pedimos que essa pessoa pare com aquilo, ao mesmo tempo que, interiormente, a criticamos, ou imaginamos o que tal pessoa realmente pensa a nosso respeito, ou o que acontecerá quando descobrir quem de fato somos. Mas se essa mesma pessoa nos criticar, vamos querer saber todos os detalhes, podendo ficar falando nisso por muito tempo. Sentimo-nos à vontade com as nossas deficiências.

Pense na maneira como falamos de coisas positivas: nossas, dos outros ou do mundo. Será que ao menos nos damos conta disso? Quantos de nós julgam difícil ou impossível elogiar os outros de uma forma que reflita verdadeiramente nossa admiração e nosso respeito? Sentimo-nos tão mal ao elogiar quanto nos sentimos ao ser elogiados? Quantos de nós se dedicam a validar todos os talentos, capacidades, pontos fortes e realizações dos filhos? Acaso os criticamos todo o tempo, tentando fazer deles pessoas melhores?

Em nossa infância, havia épocas de celebração: aniversários, Natal, Hanukah, Ano Novo, Páscoa, etc... Eram ocasiões realmente felizes, alegres? Éramos festejados no nosso aniversário como o centro das atenções, cercados por nossa família e por amigos, fazendo o que queríamos e recebendo presentes que refletiam amor e carinho? Eram oportunidades para nossos pais darem uma festa para os *seus* amigos? Eles ficavam frustrados com todo aquele trabalho, incomodados com o barulho? Bebiam demais, embriagavam-se, ficavam irritados?

Por acaso nossos pais pagavam a alguém para organizar a festa a fim de evitar incômodos? Sufocavam-nos sob o peso dos presentes que nos davam, mas sem nos dar sua atenção? Ou o nosso aniversário era desdenhado ou ignorado? Que relação tinham nossos pais com os próprios aniversários? E como nos relacionamos com os nossos na idade adulta? Nós os escondemos ou os ignoramos, sentindo-nos deprimidos? Chegamos a ponto de nos ressentirmos se alguém que nos ama deseja comemorá-los? Nossas celebrações são vazias? Esquecemos o aniversário dos outros e geramos decepções em nossos relacionamentos?

Consideremos agora o significado do Natal e do Ano Novo em nossa infância. Eram essas ocasiões um frenesi de preparação e de compra de presentes, comida, com preocupações com tempo e dinheiro, de tal modo que não havia espaço para dar e receber amor, atenção, companheirismo? Nossos pais nos encorajavam a fazer uma lista de tudo o que queríamos de Papai Noel, despertando nossas expectativas, e depois não nos davam nada, ou, se nos davam, era apenas um item, de forma que agora não temos a esperança de obter o que desejamos da vida? Ou nos davam tudo, levando-nos a ficar desapontados quando, hoje, não conseguimos tudo o que queremos? Éramos levados a nos sentir parte de nossa família e da comunidade? Ou essas ocasiões se concentravam nos adultos, e éramos colocados de lado?

O Natal e o Ano Novo culminavam em festas nas quais todos comiam e bebiam demais? Por acaso o sentido do Natal tinha se perdido porque essa ocasião só se traduzia em atividades, presentes obrigatórios e festas maçantes? De que maneira celebramos e aproveitamos o Natal hoje? E quais as nossas expectativas com relação ao Ano Novo? Somos capazes de reconhecer e valorizar as coisas maravilhosas que realizamos no ano que passou, ou nos concentramos tão-somente no que não conseguimos fazer? Tomamos resoluções em termos de mudar, melhorar nossos relacionamentos, parar com os vícios, e logo ficamos sem força de vontade, ou nos esquecemos do que decidimos?

E que dizer sobre os momentos divertidos da nossa infância, em que, sós ou acompanhados, expressávamos nossa jovialidade, nosso entusiasmo e nossa espontaneidade, e éramos reprimidos ou criticados por fazer barulho demais? Pense nos momentos em que havia música e nos movíamos pela sala, numa atitude de entrega, aproveitando a sensação do nosso corpo, e os nossos pais diziam: "Assim não; deixe-me mostrar-lhe"; e hoje não ficamos à vontade com o nosso corpo nem com a dança. Lembre-se dos momentos em que mergulhávamos no prazer de brincar com os amigos e brinquedos e nossos pais nos diziam: "Chega de brincadeira", ou "Chega de tanto riso"; como se fosse possível impor limites de tempo à alegria. Ou quando procurávamos nossos pais para demonstrar o nosso amor, e eles nos diziam: "O que você quer? Por que está tão carinhoso hoje?"

Aprendemos com nossos pais o que significa "ser adulto": sérios, tensos, duros, obedientes e controlados. Examinemos o modo como nos divertimos na idade adulta. Usamos o sarcasmo como forma de humor, menosprezando a nós mesmos ou a outra pessoa? Quando jogamos, transformamos tudo numa forma ostensiva de competição, onde apenas um sai ganhando e os outros perdendo, sem nenhuma diversão? Quando praticamos um esporte, temos sempre que conseguir alguma outra coisa, como se estivéssemos fechando um negócio? Acaso o trabalho é a nossa única diversão? Em que proporção aquilo a que chamamos de diversão é um contato com pessoas destinado a aliviar nossa solidão? Usamos álcool ou drogas para fugir de nós mesmos, e chamamos isso de diversão?

Na realidade, somos aproximadamente noventa por cento de positividade e dez por cento de negatividade. Esta última é como um macaco que nunca pára e que tem atraído a nossa atenção por toda a vida, enquanto a primeira dorme preguiçosamente numa rede. Muitas vezes, o ato de enorme concentração na negatividade alimenta a sua energia, fazendo-a crescer, enquanto criamos a ilusão de que a estamos trabalhando. Acreditamos que, se concentrarmos a atenção na negatividade, ela vai terminar por se dissipar e nos deixar livres.

Temos de mudar de perspectiva e empregar nossa energia no despertar da nossa positividade, que sempre é mais forte que a negatividade. Alguns tentam fazê-lo negando e reprimindo a negatividade e agindo com uma falsa positividade: isto é cobrir o lixo com *chantilly*. Antes de tudo, temos de realizar o trabalho de expulsão do negativo de nosso interior e de nossa vida, de modo a resgatar o nosso ser positivo e alegre.

Quando falamos da adoção de características de nossos pais, acentuamos o negativo. Fizemos isso porque aqueles são os padrões que sabotam a nossa vida, e era preciso identificá-los e isolá-los. No entanto, da mesma maneira que muitos de nós têm dificuldade de se lembrar dos eventos negativos da infância, podemos ter a mesma dificuldade em recordar das muitas coisas positivas que nossos pais fizeram em nosso benefício. Precisamos olhar para o próprio interior e reconhecer as muitas qualidades positivas que temos. Então, precisaremos reconhecer que também aprendemos cada uma delas com os nossos pais na infância. Aprendemos muito mais coisas positivas do que negativas com os nossos pais, e temos necessidade de tomar consciência disso.

Há muitos exemplos. Talvez tenhamos aprendido a importância de cuidar do corpo, dando-lhe bons alimentos e repouso, mantendo-o limpo e bem vestido, cuidando dele quando ficamos doentes; ou a ler e escrever, a apreciar os livros, as idéias, a imaginação; ou a relacionar-nos com as pessoas de modo respeitoso; a maravilhar-nos com a natureza e as cores das flores, a beleza do orvalho nas folhas, uma borboleta, o prodígio do crescimento que faz da semente uma árvore frondosa. Podemos ter aprendido com nossos pais a construir coisas, vendo a relação entre estrutura, função e beleza; ou a alegria do riso conjunto e do humor cálido e revigorante; ou o prazer de mover o corpo na dança, no exercício e nos esportes, aproveitando os prazeres da natureza. Talvez nos tenham introduzido no júbilo da música, nos ensinado a escutá-la, a dançá-la, criá-la e sentir prazer com ela. Talvez nos tenham ensinado a amar os animais, a cuidar deles e a brincar com eles. Ou talvez tenhamos aprendido com eles a responsabilidade em termos de trabalho e de dinheiro.

É chegado o momento de nos recordarmos de todas as nossas experiências positivas da infância, de todos os momentos felizes, plenos de júbilo, risos e sensações maravilhosas. Fazemos esse trabalho para dar energia à nossa positividade, ao nosso lado prodigioso que nunca precisaremos mudar. Tendo deixado de lado o passado negativo, ficamos surpresos diante de tantas lembranças positivas que se precipitam em nossa mente. Podem parecer simples eventos, mas são momentos que enriqueceram e coloriram nossa vida. É importante trazê-los à mente, um a um, e com riqueza de detalhes.

Por exemplo, lembre-se de quando eles nos ensinaram a andar e a falar, quando elogiaram os nossos desenhos e diziam que éramos bonitos. Lembre-se dos feriados, das férias, das viagens; do quanto se esforçaram para que fôssemos à escola e nos ajudaram em nossos deveres de casa. Lembre-se de quando eles brincavam conosco, cantavam para nós e contavam-nos histórias. Lembre-se de quando eles entravam em nosso mundo infantil; quando nos davam um presente inesperado; quando nos ensinavam a cozinhar e a cuidar da casa; quando fazíamos algum trabalho juntos. Lembre-se de quando rezavam conosco e nos ensinavam sobre a bondade de Deus. E da época em que aprendemos a andar de bicicleta e eles nos encorajavam, dizendo: "Você vai conseguir!" E conseguimos, deixando-os muito orgulhosos e felizes conosco. Lembre-se de todos os momentos calmos que passavam conosco, dando-nos uma sensação de proteção.

O tempo que levarmos recordando e descrevendo cada uma dessas experiências trará alegria ao nosso coração, e encontraremos muitas coisas em nossa infância de que nos orgulhar. Não precisamos modificar essas coisas positivas, temos apenas de reconhecê-las e validá-las. Apesar de sua programação negativa, nossos pais fizeram muito por nós e, por essa razão, na idade adulta, fazemos o mesmo por nós e pelas pessoas que participam da nossa vida. Somos gratos pelo fato de seus esforços e seu modo de ser terem enriquecido a nossa vida.

Não podemos mudar nossa infância, mas podemos modificar a visão que dela temos. No amor negativo, vemo-nos presos a uma única perspectiva: vemos o negativo e reprimimos o positivo, culpando nossos pais; ou vemos o positivo e reprimimos o negativo, culpando a nós mesmos pela vida que levamos. Nem tudo se passou de modo tão radical. Ao reconhecermos tanto a negatividade resultante do amor negativo como a positividade que prevaleceu, apesar da programação, conseguimos alcançar uma perspectiva equilibrada de nossa vida e de nossos pais.

Feito esse trabalho, poderemos transformar nossas características compulsivas negativas em alternativas positivas que não nos são impostas de fora, mas advêm de nossa essência espiritual como coisas apropriadas para nós. Damos a isso o nome de *reciclagem*. Quando reciclamos cada um dos traços negativos que se tornaram, ao longo dos anos, hábitos arraigados, os detalhes, um a um, emergem de nossa mente, e sentimos uma mudança de energia. Agora, quando estamos diante de uma determinada situação, em lugar de agir de acordo com um velho padrão seguido automaticamente, vemo-nos optando pela nova alternativa positiva, que funciona de maneira muito mais eficaz. Na verdade, vemos os traços negativos reciclados sofrerem uma redução, ou até mesmo desaparecerem de nossa vida.

A próxima experiência é tão importante quanto todas as outras que descrevemos neste livro, mas algumas pessoas podem considerá-la fora de propósito ou desnecessária. Aqueles que mais se sentem assim são os que mais precisam dela. Passando pelos vários estágios, nossa criança emocional manifestou sua verdade e resgatou sua positividade, enquanto o nosso intelecto aprendeu muitas coisas. Agora, ele está pronto para aprender a alegria com a nossa criança interior. Neste momento, ele precisa permitir-se brincar como criança, sem um plano e um propósito definidos; vivenciar a brincadeira como uma auto-expressão espontânea, que nos faz sentir bem por estarmos vivos e que nos revigora e relaxa.

Nosso verdadeiro ser é livre de preocupações, alegre e espontâneo. A brincadeira positiva é a sua meta própria. Ele não tem que fazer nada: ele apenas é. Isso equivale a resgatar a criança positiva que há dentro de nós, e não mais reprimi-la. Podemos fazer isso sozinhos, mas também é importante brincar em grupo, interagindo com cada um dos outros com exuberância, risos e alegria. Isso é especialmente necessário se temos sido pessoas solitárias. A diversão abre para nós inúmeras possibilidades, trazendo a cura e o equilíbrio.

É importante modificar a nossa relação com as celebrações da vida: aniversários, Natais e outras ocasiões especiais. Queremos agora encará-las com a simplicidade e o respeito jubilosos de uma criança, conectando-nos efetivamente com as pessoas, criando experiências que tragam a prodigiosa alegria infantil em tudo quanto fizermos, sozinhos ou na companhia dos outros.

Agora que somos capazes de reconhecer e usufruir de nossa positividade e da dos outros, podemos trabalhar para desenvolver um analisador, cada vez mais consciente, do que há de positivo na vida. Vamos nos dar conta de que, quando nos concentramos na positividade, sem uma atitude crítica, apreciando-a e expandindo-a, o negativo perde energia naturalmente, mesmo que não trabalhemos diretamente com ele. Assim, poderemos criar uma boa energia em nós mesmos, em nossos relacionamentos e — por que não? — no mundo.

Para chegar a esse ponto, potencializamos todas as conseqüências da negatividade em nossa vida, a fim de nos libertarmos dela; em seguida, fizemos o mesmo com toda a positividade para, finalmente, nos livrarmos de julgamentos de valor acerca do que é positivo ou negativo. Aprendemos que o bom e o ruim são relativos: o que é bom para nós pode ser ruim para outra pessoa. Para uma vida equilibrada e harmoniosa, a obrigação e a diversão, por exemplo, são igualmente necessárias.

A partir de agora, poderemos ter a experiência das coisas tais como são, sentir uma grande alegria dentro de nós, uma grande alegria pelos outros e pela natureza, bem como nos sentirmos realmente gratos aos nossos pais pelas muitas coisas maravilhosas que fizeram por nós. Livres das amarras que nos acompanharam por toda a vida, podemos finalmente perceber que somos seres concebidos para a alegria, o prazer e o amor.

Capítulo 11

A luz dentro e fora de nós

O amor negativo nos têm mantido afastados do mais importante aspecto de nosso ser, o único que nunca morre. Na infância, aprendemos a não cuidar dessa nossa parte vital, a ignorá-la e negá-la. Muitos a têm procurado diligentemente durante toda a vida. Vivenciamos seus vislumbres, momentos de iluminação em que nos sentimos conectados, em paz e amados. Valorizamos muito esses instantes e desejamos repeti-los vezes sem conta.

Muitos aprenderam a procurar essa parte vital fora de si mesmos. Desde a mais tenra infância, fomos levados a sentir que aquilo que estava dentro de nós não era bom o bastante; que alguma coisa estava errada conosco; que éramos maus. Admoestações vindas de nossos pais — "Deus pode ver o que você está fazendo e vai puni-lo por isso" — colocaram Deus fora de nós e fizeram-no semelhante a uma pessoa crítica, acusadora e vingativa.

A maneira como nos ensinaram a respeitar a Deus com freqüência induz ao medo, pois essa maneira afirma que Deus exige certos comportamentos. Aprendemos a competição entre religiões. Afirmamos orgulhosamente que o nosso Deus é melhor do que o dos outros, e tornamos a divindade pequena e nós grandes.

Crescemos sem a menor conexão com a nossa essência espiritual, e tentamos desesperadamente nos reconectar. Ensinaram-nos rituais que, dizem, nos aproximam mais de Deus. Exigiram que acreditássemos. Criamos maravilhosas cerimônias com música, oferendas e sacrifícios. Passamos horas em oração e meditação. Esforçamo-nos para encontrar Deus através do serviço. Tentamos de várias maneiras alcançar e vivenciar outra vez o que um dia já foi nosso.

Aqueles que passaram por experiências de proximidade da morte relatam terem sido envolvidos por uma Luz branca que irradiava paz, serenidade, amor e aceitação incondicionais. Muitos afirmam ter sido recebidos por uma "pessoa", que lhes deu orientação e apoio. Todos os que passaram por isso sentiram-se inteiramente presentes. Trata-se de uma experiência de iluminação e de verdade que, com freqüência, provoca uma mudança de vida. Seus valores e seu comportamento se transformam. Há uma sensação de despertar espiritual. Percebe-se o caráter ilusório da vida física e perde-se o medo da morte. Mas não se sabe com certeza o que acontece na morte real; no máximo, vivenciam-se os primeiros momentos desta.

De fato, ninguém sabe o que há de se passar quando morrermos, embora se tenham criado muitos cenários e até se acredite neles. Mesmo que neguemos a existência de Deus, não podemos negar o mistério da vida e da criação. A ciência não tem se mostrado capaz de indicar com precisão o momento da morte. Talvez ele não exista, havendo, em vez disso, um processo que vai da vida à morte. Nossa força vital não pode ser definida pelas substâncias químicas existentes em nosso corpo. Ela é energia, e esta não desaparece, mas passa a outros estados. A morte é a desconexão da nossa força vital, mediante a qual o corpo fica sem vida. Mas a nossa essência permanece.

Imagine que, no momento da nossa concepção, a nossa essência transferiu-se para o corpo, formando uma unidade com o nosso ser espiritual, totalmente conectado com o reino do espírito. Dizem que os bebês permanecem cônscios do seu vínculo interior e exterior com Deus, e que dormem em Seus braços. Há muitos relatos de criancinhas que vivenciam Deus. Talvez, nos primeiros anos de nossa vida, tivéssemos acesso tanto ao mundo espiritual como ao material, e se tenha processado, quase imperceptivelmente, uma transição gradual. Nossa programação nos afasta do conhecimento no qual nos encontrávamos antes. Quando isso acontece, deixamos de saber que Deus vive em nós e, por essa razão, não podemos nos aproximar ou tocar Deus ao nosso bel-prazer.

Devido ao amor negativo, a nossa formosa essência positiva — nosso ser espiritual — fica soterrada por camadas e camadas de negatividade. Precisamos resgatá-la dessa prisão que criamos inadvertidamente. Precisamos criar espaço para que se amplie até alcançar a dimensão que lhe cabe por direito em nossa vida. Temos que recuperá-la como nossa essência que veio da Inteligência Universal, que alguns chamam Deus e que é parte dela. Ela constitui o nosso ser e vai além dele. Em termos intelectuais, emocionais e físicos, precisamos expelir as negatividades e abrirmo-nos à experiência desse aspecto que tem origem divina. Então, poderemos conhecer a singularidade e a beleza da nossa verdadeira essência espiritual.

Nossa essência é amor e luz, e dirige-se à transcendência. É atraída pela Fonte de toda vida, da qual adveio. Ela fica à vontade na Luz e com a Luz. A vivência desse aspecto torna claras nossas ilusões acerca do poder, das realizações e posses materiais, conferindo perspectiva e sentido à nossa vida.

É compreensível que tenhamos de fazer todo o trabalho que estamos descrevendo, antes de ser possível ter a experiência do nosso ser espiritual. Com efeito, isso requer que voltemos a viver na fé. Mas não temos de esperar. Podemos iniciar esse trabalho vivenciando essa parte magnífica de nós mesmos por meio da visualização dirigida. Podemos começar essa jornada em contato com o próprio ser, trabalhando a partir da nossa força e não das nossas fraquezas. Saber quem de fato somos revela que nossos programas não estão identificados conosco, dando-nos a coragem de seguir em frente.

As visualizações têm hoje amplo uso, por exemplo, na medicina, em que servem para invocar os nossos poderes interiores de cura; nos esportes, a fim de aumentar e fortalecer a preparação física; e, no campo dos negócios, para ampliar a nossa visão.

As visualizações dirigidas têm duas partes: a projetiva e a receptiva. Se nos dizem para imaginar uma maçã, percebemos sua cor, seu tamanho e suas características especiais e, depois, damos-lhe uma mordida e sentimos seu sabor. A parte projetiva da visualização é o fato de termos sido instados a imaginar a maçã. Mas cada pessoa imagina o próprio tipo de maçã e, com freqüência, as tentativas de modificar a maçã que cada qual imaginou resultam em fracasso. Essa parte da visualização é o componente receptivo, advindo de nossa mente inconsciente. Ela nos traz imagens, sentimentos e mensagens que nossa mente consciente não controla. As visualizações nos permitem entrar em contato com o nosso inconsciente e, por meio desse contato, ter a experiência da nossa verdade e vida interiores.

Numa visualização dirigida, podemos escapar ao nosso eu programado e descobrir a nossa essência interior. Podemos vivenciar o nosso eu — nossa essência — sendo atraído para a Luz que está acima, e saber que voltamos para casa, para o nosso Criador. Podemos sentir o amor, a paz e o bem-estar da Luz do Universo preencherem nosso ser e saber que formamos uma unidade com a Luz. Podemos visualizar a própria essência e saber que é positiva, forte e bela. E, na Luz, podemos vivenciar o encontro com um ser desconhecido, maravilhoso, alguém que nunca vimos antes na vida ou na história, que se aproxima para nos receber com amor, aceitação e cuidados. Trata-se do nosso Guia Espiritual, um ser que tem todas as qualidades necessárias para nos orientar em nossa jornada. Podemos comunicar-nos mentalmente com ele sempre que o desejarmos, e ele, ou ela, responderá a quaisquer perguntas que queiramos fazer. Com o nosso Guia, podemos atravessar a Luz e chegar a um belo ambiente natural banhado pelos raios de sol, um lugar do qual emanam paz e segurança. É o nosso Santuário, um tranqüilo espaço mental que sempre estará à nossa disposição.

Cada um de nós tem a própria experiência peculiar de todos os aspectos dessa visualização. Pouco importam a orientação religiosa ou a descrença de cada pessoa, todos têm condições de experienciar a Luz dentro e em torno de si, e então saber que ela existe. Trata-se de uma profunda experiência espiritual que está além de qualquer religião. Todos os rios correm para o mar e é o mar que estamos experienciando e não os rios.

Quando voltamos dessa miraculosa visualização, vemo-nos tomados pelo assombro, pelo amor e pela paz. Sabemos que podemos penetrar na Luz cada vez que o desejemos. Sabemos que a Luz está em nós e que somos parte dela.

No Amor Negativo, aprendemos que Deus está fora de nós e, embora isso seja verdade, *não constitui toda a verdade*. Precisamos antes de tudo estabelecer uma conexão com o Deus que há em nós, e vivenciar Sua Luz em nosso ser. Sabendo que cada um de nós tem uma essência que anseia ser livre e reconectar-se com a Fonte, podemos ter compaixão e compreensão por toda a humanidade. Então poderemos experienciar a Luz nos outros, no mundo e em todas as coisas vivas. E somente neste momento poderemos encontrar e conhecer a unidade de Deus. Dessa maneira, a partir de nossa essência, estaremos verdadeiramente aptos a viver.

Capítulo 12

Alcançando a integração

Quando tivermos chegado ao fim desse trabalho catártico experiencial, teremos redescoberto o valor essencial e a necessidade de cada um de nossos quatro aspectos.

Nossa criança emocional interior trabalhou diligentemente, e com grande coragem, para desconectar-se de nosso passado negativo e vivenciar nossos sentimentos no momento presente. Podemos agora perceber a diferença entre reagirmos com um padrão compulsivo e respondermos com um sentimento. Recuperamos a capacidade de permitir que os sentimentos fluam, acolhendo-os como valiosos reflexos de nossa realidade, sem preconceitos. Agora estamos prontos e ávidos para crescer e tornar-nos adultos emocionalmente, deixando para trás a infantilidade que havia em nós, e levando à nossa condição de adultos os nossos maravilhosos sentimentos e a espontaneidade, semelhantes ao de uma criança.

Nosso intelecto adulto conseguiu retirar as vendas do amor negativo e compreender de que maneira foi programado por intermédio de nossa criança emocional. Abandonamos as nossas defesas intelectuais, abrimo-nos à verdade; examinamos os nossos valores, pensamentos e crenças preconcebidas e discernimos o que é real. Crescemos e aprendemos. E nos reeducamos.

Nossa criança emocional e nosso intelecto adulto confrontam-se e nós nos comprometemos a fazer um trabalho conjunto. Agora, a nossa criança pode ouvir o nosso intelecto e este a ela; juntos, por nós mesmos, tomaremos as nossas decisões.

Nosso ser espiritual foi redescoberto através da vivência, razão pela qual não mais poderemos negar essa preciosa parte de nosso ser que, hoje, sabemos ser a voz da verdade dentro de nós e o nosso vínculo com o Universo. Criamos espaço para que ele se exprimisse e fosse ouvido. A partir de agora, estamos comprometidos experiencialmente com o nosso ser espiritual e a viver com base em nossa nova positividade.

Nosso corpo físico viu-se liberto das tensões do passado; está mais leve, ágil e expressivo. Há uma centelha a brilhar em nossos olhos e a vivacidade toma conta do nosso rosto. Temos mais energia.

Encontramo-nos, neste momento, prontos para a experiência da integração no interior de nosso ser; prontos a harmonizar todos os nossos aspectos, a fim de permitir-lhes nutrir e sustentar uns aos outros. Essa integração pode ser alcançada numa bela visualização dirigida, que se processa na segurança do nosso Santuário, na presença de nossos pais, avós, irmãos, cônjuge ou parceiro, filhos e outras pessoas importantes da nossa vida. A experiência é rica em sentimentos, significados e resultados que são únicos para cada um de nós.

Nossa criança emocional renasce como uma criança positiva, liberta do amor negativo. Estão à sua espera o nosso ser espiritual e o nosso intelecto adulto, capazes de deixá-la plena de amor e validá-la pelo que ela é. Alimentada por esse amor e essa aceitação incondicionais, nossa criança emocional pode finalmente crescer e amadurecer, tornando-se um ser adulto emocional prodigiosamente positivo e amoroso, que ocupa seu lugar de direito ao lado de nosso intelecto adulto como seu igual. Nosso intelecto e nosso ser emocional — agora adultos — podem compreender-se mutuamente sem condenações, bem como sentir compaixão, perdão, aceitação e amor um pelo outro; podem comprometer-se plenamente a trabalhar como parceiros, agora em igualdade, por toda esta vida.

Na presença da Luz do Universo, os três aspectos de nossa mente podem sentir a amorosa energia da Luz fluindo de um aspecto para o outro, dispersando qualquer negatividade residual e unindo nossas energias. Cada um deles se integra mais aos outros, e promete compreendê-los, aceitá-los e amá-los: estamos unidos e integrados pela Luz. A integração desses três aspectos de nossa mente cria a possibilidade de experimentar uma comunhão muito profunda com a Luz.

Nossos três aspectos, agora como uma mente unida, aproximam-se de nossos pais para exprimir, sem condenação, nossa compreensão, compaixão, aceitação e amor por cada um deles. Perdoamos e somos perdoados. Podemos olhar nosso pai e nossa mãe nos olhos e reconhecer que eles não são os seus padrões negativos. Sabemos que eram dirigidos por sua criança interior a fazer conosco o que fizeram. *Agora podemos compreender tudo.* Podemos ver sua bela essência luminosa interior e respeitá-los enquanto indivíduos. Agora podemos amá-los de fato. E, finalmente, podemos olhar nos olhos de nossa mãe adulta e dizer, do fundo do coração: "Eu te amo, mamãe". E podemos olhar nos olhos de nosso pai adulto e dizer, do fundo do coração: "Eu te amo, papai". Somos capazes de dar altruisticamente, sem nada esperar em troca; podemos dar, pois os amamos verdadeiramente e não mais dependemos deles.

Agora podemos conceber as ligações distorcidas do amor negativo de nossos avós para nossos pais e chegando até nós; vemos os vínculos que nos mantinham presos, todos juntos, na negatividade, geração após geração. E nós os lançamos fora de nosso ser (já não precisamos estar negativamente apegados). Não necessitamos passar a vida relacionando-nos com os outros como se fossem nossa mãe e nosso pai. Podemos nos relacionar com nossos pais e com as outras pessoas a partir de nossa essência para a deles. E aprendemos a transformar a negatividade da nossa vida.

Agora temos condições de reconhecer quantas coisas negativas fizemos na vida, sem saber o que fazíamos, impelidos por nossos padrões compulsivos. Temos necessidade de libertar a nós mesmos e aos outros da negatividade de nosso passado. Temos de apagar tudo o que passou, a fim de começar a conduzir a nossa vida de uma nova maneira. Precisamos nos comunicar com cada uma das pessoas importantes da nossa vida: nossos avós, irmãos, filhos, amores, ex-amores, amigos e colaboradores. Temos de pedir-lhes perdão por todas as coisas ruins que praticamos contra eles, consciente ou inconscientemente. Temos de perdoar todas as pessoas que nos feriram, mesmo aquelas de quem nunca gostamos, pois tanto o ressentimento quanto o remorso mantêm-nos prisioneiros. E nós queremos nos libertar assim como queremos libertar a todas essas pessoas. Ao fazer isso, poderemos realmente descobrir o sentido da palavra Absolvição.

Por fim, poderemos voltar nossa atenção à casa em que vive a nossa mente, e assumir o compromisso de cuidar de nosso corpo com respeito, aceitação, prazer e amor. E nosso corpo acolhe nossa mente, que há pouco tempo tornou-se positiva, e, juntos, todos os aspectos encontram a unidade como uma *Quadrinidade Integrada*. Esse "lar" é vital para a expressão de nossos sentimentos, nossos pensamentos e nossa luz. Por meio dele, exprimimos nosso amor e nosso zelo. Por meio de nossa sexualidade, podemos exprimir todos os aspectos de nosso ser — nossos pensamentos, sentimentos, espiritualidade e sensualidade — e sentir-nos em unidade com o próprio ser e com os outros.

Na nossa concepção, Deus abençoou cada um de nós com o livre-arbítrio, o que nos confere dignidade e nos cobra responsabilidade, por nós mesmos, pelos outros e pelo mundo. Mas o amor negativo distorceu essa dádiva. Agora, tendo alcançado a integração e restabelecido o equilíbrio e a harmonia no nosso ser, podemos viver escolhas a partir de nosso livre-arbítrio, pois sabemos quem somos, o que fazemos e o que podemos fazer, bem como o que queremos fazer, e também que somos responsáveis por todos os elementos de nossa vida. Nossas escolhas se ampliaram e agora abrangem a realidade.

Agora podemos amar a nós mesmos como sempre desejamos ser amados, pois na verdade somos nós mesmos a única pessoa que pode nos amar da forma que desejamos. Quando formos capazes de nos amar dessa maneira, nos sentiremos plenos de amor e poderemos partilhar esse amor com as pessoas que fazem parte da nossa vida. Só podemos dar aquilo que temos no nosso próprio ser. Podemos levar a vida na paz e no amor, e viver cada dia no presente, como se cada um deles fosse o único que temos, e fazer o melhor por nós e por todos aqueles que nos cercam. Enfim, viver a vida como uma aventura aberta a todas as possibilidades.

A qualidade de nossos relacionamentos sofrerá uma transformação. Quando encontrarmos pessoalmente nossa mãe e nosso pai, poderemos perceber a pequena criança emocional que há dentro deles e saber que nunca receberam o amor pelo qual ansiaram, e poderemos dar-lhes amor sem nada pedir em troca; aceitá-los tais como são e ver sua bela essência positiva interior. Poderemos também reconhecer que nossos irmãos foram vítimas do amor negativo tanto quanto nós e dar-lhes nossa compaixão e nosso amor. Sentiremos mais respeito e amor pelo nosso cônjuge ou parceiro; mais curiosidade sobre quem são de fato; mais compreensão e aceitação, mesmo quando percebemos que não estamos "apaixonados" por eles. Sabemos o que é a intimidade e somos capazes de integrar sexualidade e amor. Cuidaremos de nossos filhos de um modo diferente, vendo-os como seres distintos de nós. Reconheceremos seus talentos e lhes daremos validação e direção. Perceberemos os padrões que aprenderam de nós e teremos compaixão, sem culpá-los ou culpar a nós mesmos. Saberemos que fizemos o melhor que podíamos. Poderemos ser melhores amigos, capazes de dar e receber, de compartilhar com os outros em nossos relacionamentos. Poderemos trabalhar com mais satisfação e equilíbrio e usar bem nosso dinheiro. Poderemos saber que este corpo é o único que temos nesta vida e aprender a valorizá-lo. Poderemos modificar nossa relação com quaisquer enfermidades que tenhamos e, reconhecendo o poder de nossa mente, até alcançar a cura.

Perceberemos que não somos os nossos problemas, nem os outros os deles. Entenderemos, por meio de nossa limitada história individual, a história de toda a humanidade, pois o amor negativo dirige a todos nós. Todos têm uma razão para ser como são. Saberemos que todos estamos lutando pela integração e nos sentiremos humildes em nossa realização. Não alimentaremos as negatividades que existem em nosso ser, nos outros e no mundo. Viveremos a partir de nossa essência e de nossa positividade. Estaremos então no controle da nossa vida. Poderemos escolher nosso caminho, bem como a resposta que daremos a tudo quanto possa aparecer à nossa frente.

Não se trata de um trabalho mágico. É um esforço intenso, concentrado e dirigido. Cada passo tem a sua lógica e a sua meta, e é fundamental para a realização do todo. É um processo que culmina na integração e, no entanto, jamais tem fim. O amor negativo é sobretudo perigoso e suas conseqüências são variadas e complicadas. Temos de nos manter atentos a vida inteira e levar nossa responsabilidade a sério. Precisamos continuar a crescer, reconhecendo que nunca seremos perfeitos, que sempre teremos mais a aprender, sentindo orgulho de nossas conquistas. Necessitamos reconhecer e descobrir quanta qualidade real podemos acrescentar à nossa vida, quanto amor podemos dar a nós mesmos e aos outros e quanta energia positiva podemos trazer ao mundo.

Capítulo 13

O caminho para o crescimento

Neste livro, indicamos os passos de uma poderosa jornada interior rumo à totalidade, uma jornada heróica de retorno ao nosso verdadeiro eu. Escrevemos com toda a simplicidade e clareza possíveis acerca desse trabalho transformador que produz profundas e duradouras mudanças em todos os que percorrem esse caminho. Sua leitura pode produzir consciência e compreensão, mas apenas a vivência da catarse requerida por cada passo do trabalho pode levar-nos à realização do verdadeiro crescimento. Esse é um trabalho de educação através da experiência. Na verdade, a maioria de nós deseja chegar ao destino, mas muitos podem sentir-se sobrepujados e desencorajados pelo trabalho aparentemente envolvido. Trata-se de um trabalho intenso que exige coragem, compromisso e determinação, mas que, de fato, pode ser realizado em apenas sete dias. Milhares de pessoas têm feito essa jornada com sucesso em muitos países do mundo.

O trabalho que descrevemos foi criado por Bob Hoffman em 1967, nos Estados Unidos, e trazido ao Brasil em 1974. De início, Hoffman trabalhava com pessoas individualmente. Em 1972, seguindo a sugestão do psiquiatra Claudio Naranjo, Hoffman desenvolveu sessões grupais mais intensas, empregando um formato de treze semanas, onde os alunos participavam de encontros semanais de três a cinco horas de duração, tinham sessões individuais com o seu professor e cumpriam tarefas individuais. Em 1985, Hoffman reformulou o trabalho, dando-lhe o atual formato de programa residencial de sete dias, que inclui todos os elementos do formato original e alguns aspectos adicionais. Ampliou a intensidade e a continuidade do trabalho, evitando as múltiplas transições entre as experiências catárticas e a vida cotidiana, oferecendo a presença, o apoio e a orientação contínuos de um corpo de professores altamente treinado e qualificado. Nesse espaço seguro, concentrados no próprio interior, durante os sete dias (condições descritas no Capítulo 4), os alunos são capazes de atingir níveis surpreendentemente profundos e lograr um enorme crescimento.

Este novo formato residencial tornou o trabalho mais acessível a pessoas de todo o mundo, em termos de logística e tempo. É hoje oferecido em centros credenciados de treze países do mundo: Argentina, Austrália, Áustria, Bélgica, Brasil, Canadá, China, França, Alemanha, Itália, Espanha, Suíça e Estados Unidos, sob o nome oficial de *Processo Hoffman da Quadrinidade*.

Os participantes são chamados de alunos, e os orientadores de professores. Por ser este um trabalho que ninguém pode fazer pelo outro, os professores indicam o que é necessário fazer, guiando e auxiliando os alunos em seus esforços, mas somente cada um é capaz de fazer o que tem que ser feito. Dessa maneira, cada qual é o seu próprio salvador.

Nesses sete dias, podemos identificar e lidar com centenas de padrões, bem como sentir a nossa vida transformar-se à medida que nos libertamos deles. Ao vivenciar os benefícios advindos do reconhecimento e da desidentificação de nossos padrões negativos, a nossa visão se amplia cada vez mais. Assim, passa a haver um incentivo à identificação de nossas negatividades.

Ao cumprir cada etapa do trabalho, adquirimos experiência nas técnicas, de modo que, depois do *Processo*, dispomos de todas as "ferramentas" necessárias para lidar com os novos padrões que porventura venham à tona em nossa vida. E, com certeza, haverão de surgir novos. Nossa programação aconteceu no decorrer do período que vai da concepção à puberdade e, embora muita coisa tenha sido repetição, a descoberta e a destruição do emaranhado resultante dos padrões sempre exigirá tempo, mas não tanto como se poderia esperar antes de se passar por essa experiência. Nossos padrões não constituem a fonte de nossos problemas, são apenas os sintomas de uma ferida mais profunda que precisa ser curada. Tendo descoberto a nossa fonte de amor interior, mediante o trabalho do *Processo*, podemos empregar suas técnicas para nos desconectar dos padrões e transformá-los em alternativas positivas.

As visualizações dirigidas, que nos põem em comunicação com o nosso inconsciente, são uma das técnicas-chave utilizadas no *Processo*. Os resultados são poderosos e vão muito além daquilo que temos condições de realizar apenas com a mente consciente. Experimentamos mudanças imediatas, mas os efeitos do trabalho continuam a manifestar-se bem depois de o *Processo* chegar ao fim. Mesmo que tentemos negar os resultados, com o passar do tempo vivenciamos o fato de que nossa vida mudou. A realização desse trabalho é um grande marco em nossa vida, que reconhecemos ao comparar a maneira como nos referimos à vida e a nós mesmos antes e depois do *Processo*.

As pessoas vêm se beneficiando desse trabalho por mais de um quarto de século; milhares de pessoas modificaram a própria vida e a dinâmica de suas famílias. Em alguns casos, famílias inteiras — incluindo avós, pais e filhos — participaram do trabalho. O propósito do *Processo Hoffman da Quadrinidade* é a redescoberta do amor e da paz em nós mesmos, nas nossas famílias e conseqüentemente no mundo. Ele libera a nossa criatividade e nos abre a possibilidade de uma vida plena, cuja existência não imaginávamos. Cria espaço em nosso ser e nos reconecta com o nosso poder interior, com a capacidade de autoconhecimento e de ser quem realmente somos.

CENTRO HOFFMAN DA QUADRINIDADE
Contato: Heloísa Capelas e Eliana Rocha
Rua Duarte da Costa, 30
Alto da Lapa – São Paulo, SP – Brasil – CEP 05080-000
Fone: (11) 3832-3050

E-mail: processo@centrohoffman.com.br
Website: www.processohoffman.com.br

United States
Hoffman Institute – USA
223 San Anselmo Ave , Unit 4
San Anselmo, CA 94960
Phone: 415-485-5220
Toll Free: 800-506-5253
Fax: 415-485-5539
E-mail: hq@hoffmaninstitute.org
http://www.hoffmaninstitute.org

International Headquarters
Hoffman Institute International
11080 Hot Springs Road
Middletown, CA 95461-9729
Phone: 707-987-2056
Fax: 707-987-3600
E-mail: admin@quadrinity.com
Http://quadrinity.com

OUTROS INSTITUTOS NO MUNDO

HOFFMAN INSTITUTE – Alemanha
Postfach 304004
10725 Berlin – Germany
Phone: 49-30-217-6613
Fax: 49-30-217-7719
Email: quadrinity-berlin@t-online.de
http://www.quadrinity.de

Linienstrasse 70
D-40227 Dusseldorf – Germany
Phone: 49-211-452-365
Fax: 49-211-470-7950
Email: quadrinity@t-online.de
http://www.lebensschule.de

HOFFMAN INSTITUTE – Argentina
Santa Fé 3796 2° A
Ciudad de Buenos Aires – Argentina
Phone: 5411-4833-2567
Phone/fax: 5411-4833-2872
Email: argentina@quadrinity.com
http://www.quadrinidad.com.ar

HOFFMAN INSTITUTE – Austrália
Suíte 3, First Floor 230 Toorak Road
South Yarra , Victoria 3141 – Australia
Phone: 61-3-9826-2133
Freecall: 1800-674-312
Fax: 61-3-9826-2144
Email: australia@quadrinity.com
http://www.quadrinity.com.au

HOFFMAN INSTITUTE – Canadá
109 Edgehill Drive
Kitchener, Ontário
N2P 2C6, Canada
Phone: 519-650-1755
Toll free: 1-800-741-3449
Fax: 519-650-5590
Email: info@hoffmaninstitute.ca
http://www.hoffmaninstitute.ca

HOFFMAN INSTITUTE – Espanha
San Francisco 1-3°
01001 Vitoria – Spain
Phone/fax: 34-945-271733
(4 to 8 PM Tues. & Thurs.)
Office: hoffman@euskalnet.net
http://www.quadrinity.com.spain/

HOFFMAN INSTITUTE – França
Jagerhausleweg 32
D-79104 Freiburg – Germany
Phone: 03-84-20-51-72
Or phone: 49-761-55-2966
Fax: 49-761-56-843
Email: info@institut-hoffman.com
http://www.institut-hoffman.com

HOFFMAN INSTITUTE – Inglaterra
The Old Post House
Burpham, Arundel
BN18 9RH United Kingdom
Phone: 011-44-1903-88-99-90
Fax: 011-44-1903-88-99-91
Freephone: 0800-068-4114
Email: info@HoffmanInstitute.co.uk
http://www.HoffmanInstitute.co.uk

HOFFMAN INSTITUTE – Itália
Via Bramante, 39 – 20154 Milano
Tel: 011-39-02-34-93-83-82
Fax: 011-39-02-34-91-266
Email-office: info@quadrinity.it
http://www.quadrinity.it

HOFFMAN INSTITUTE – Suíça
St. Galler Strasse 1
CH-9470 Buchs SG – Switzerland
Phone: 41-81-740-02-84
Fax: 41-81-740-0285
Email: info@iak-quadrinity.ch
http://www.iak-quadrinity.ch

Sobre as Autoras

MARISA THAME

Em 1978, enquanto ainda cursava Psicologia na Pontifícia Universidade Católica de Campinas, Marisa tomou conhecimento do Processo Hoffman da Quadrinidade e passou pela experiência do curso. Extremamente satisfeita com os resultados obtidos, decidiu compartilhar desse benefício com as demais pessoas, criando assim o Instituto Thame.

Durante muitos anos Marisa treinou e supervisionou professores, capacitando-os para a aplicação do curso. Em 1991, foi nomeada Diretora do Processo Hoffman para o Brasil e a América Latina.

Marisa faleceu em 10 de fevereiro de 2002, mas deixou o Instituto nas mãos de excelentes profissionais que realizam seu trabalho com a mesma dedicação e seriedade que lhe eram peculiares.

Kani Comstock foi por muitos anos Diretora do Instituto Hoffman USA, Professora Supervisora do Processo Hoffman da Quadrinidade, e trabalha com o Processo desde 1986. Mora no Oregon, USA.

Centros Autorizados no Brasil

Contato: Heloísa Capelas e Eliana Rocha
Rua Duarte da Costa, 30 – Alto da Lapa – 05080-000 – São Paulo – SP
Fone/Fax: (11) 3832-3050
E-mail: processo@centrohoffman.com.br
www.processohoffman.com.br

Rua Itapemirim, 433 – Serra – 30240-000 – Belo Horizonte – MG
Fone: (31) 3223-2037
E-mail: hoffman@institutohoffman.com.br
www.institutohoffman.com.br

Clarita Maia e Antonio Conde
Estr. Águas Brancas, 1211 – Caixa Postal 31 – Três Coroas – RS – CEP 95660-000
Fone: (51) 9638-8147 e (51) 3546-8228
www.processohoffman.com

Praia de Botafogo, 210 / 1108 – Rio de Janeiro – RJ – CEP 22250-040
Fone: (21) 2553-0406 e (21) 9464-1578
institutohoffman-rio.com.br